CW01095584

CORRESPONDANCE
ALBERT CAMUS - RENÉ CHAR
1946-1959

René Char et Albert Camus à L'Isle-sur-la-Sorgue.
Coll. particulière.

ALBERT CAMUS
RENÉ CHAR

CORRESPONDANCE

1946-1959

Édition établie, présentée et annotée
par Franck Planeille

GALLIMARD

Il a été tiré de l'édition originale de cet ouvrage soixante exemplaires sur vélin pur fil des papeteries Malmenayde numérotés de 1 *à* 60.

RIVES ET RIVAGES,
RENÉ CHAR ET ALBERT CAMUS

À Jacqueline Lévi-Valensi
et à Edwin Engelberts.

La fraternité est-elle possible entre les créateurs ? La rencontre de deux artistes, et l'amitié parfois, ne peut pas exister en dehors de l'œuvre qu'ils accomplissent et qui s'accomplit en eux. Voilà sans doute pourquoi la lecture des correspondances d'écrivains déçoit souvent le lecteur. Julien Gracq remarque dans En Lisant en écrivant *à quel point la correspondance entre deux peintres (il prend l'exemple de Matisse et de Bonnard) peut ressembler à celle de « deux bénédictins qui se renseignent l'un l'autre avec urbanité sur l'avancement de leurs travaux jumeaux, s'entraident sans égoïsme et sans petitesse à serrer de plus près la vérité*[1] *». Si la correspondance entre les peintres peut faire songer à un dialogue de saints (même si elle a ses lucifériens) sur le chemin de la perfection, cela, poursuit Gracq, est impossible dans le cas des écrivains. Il attribue cette impossibilité à la nature même des rapports qu'entretient l'écrivain avec son art : « Il n'y a pas de saints de la littérature* [, il n'y a] *que des hérétiques enfermés chacun dans leur hérésie singulière, et qui ne*

1. Julien Gracq, *Œuvres complètes*, Gallimard, 1995, « Bibliothèque de la Pléiade », II, p. 565.

veulent pas de la communion des saints[1]. » *Raison pour laquelle la correspondance de deux écrivains ne pourrait dépasser le stade de* « *la critique réciproque et stimulante* ». *Le moment de la rencontre entre deux grands écrivains doit tout d'abord être ramené à celui du développement ou du déploiement de l'œuvre de chacun. Leurs rapports sont différents à leurs débuts, au moment où chacun doute de sa singularité, de cette voix qui ne parvient pas encore à se fixer. Ce moment où les artistes* « *incertains de l'être mais sûrs de ne pas être autre chose*[2] » *sont vigilants quant aux influences dont chacun doit se préserver pour ne pas se perdre. Puis vient le temps de la maturité où l'artiste sait ce qu'il a à dire et sent de moins en moins confusément comment le dire, dans une fidélité à lui-même. L'œuvre s'accomplit alors, malgré les doutes, malgré les stérilités passagères et parfois même les tentations de renoncement. L'influence n'est plus un danger vital mais un enrichissement. Julien Gracq écrivait à propos de Char et de Camus :* « *J'ai connu un peu Camus en même temps que Char, dans les années d'après-guerre : c'est dans leur revue* Empédocle *que j'ai publié autrefois* La Littérature à l'estomac. *Leurs ouvrages à tous deux me sont restés très proches, et l'éloignement dans le temps commence à rapprocher aussi, dans la signification de leurs œuvres, deux amis dont les silhouettes pouvaient sembler si différentes.* »

Convergence des hommes, des artistes, depuis leurs œuvres et dans des circonstances où chacun porte en lui cette source de mystère et de création que l'on appelle, faute de mieux, son monde ou l'arrière-pays de son œuvre.

Cette correspondance témoigne d'une rencontre et d'une amitié qui nourrissent notre réflexion sur ces circonstances qui comptent

1. *Ibid.*, p. 566.
2. Albert Camus, préface à *L'Envers et l'Endroit*, dans *Œuvres complètes*, Gallimard, 2006, « Bibliothèque de la Pléiade », II, p. 38.

réellement dans une vie, la transfigurant parfois comme une chance fulgurante. « Le paysage, comme l'amitié, est notre rivière souterraine. Paysage sans pays », écrit René Char. Nous pouvons cependant repérer des points de passage de cette rivière. À l'elliptique formule de Montaigne à propos de son amitié avec La Boétie, « parce que c'était lui et que c'était moi », nous pourrions ajouter, concernant René Char et Albert Camus : « ... à cet instant de leurs vies et de leurs œuvres ». On imagine mal en effet un dialogue Char-Camus avant guerre. Les hommes et les œuvres paraissent bien éloignés. La première fois que Char entend le nom de Camus, il est dans le Maquis de Céreste. Un ami lui donne alors L'Étranger. *Mais le rendez-vous est manqué, du fait des circonstances qui, comme l'écrit Char, l'empêchent d'accorder à ce livre d'un inconnu un champ suffisant de rêverie. Dans la postface à* La Postérité du soleil, *René Char raconte qu'il avait parcouru le roman mais que celui-ci ne lui avait pas « causé une profonde impression ». Pourtant, une rivière commune coulait déjà. Quelques images peuvent ici en dire le cours.*

*Lorsqu'en 1931 René Char cosigna le tract intitulé « Ne visitez pas l'exposition coloniale », il défendait certaines positions qui seront celles de Camus dans les colonnes d'*Alger républicain *quelques années plus tard. Le 9 février 1934, René Char participe aux manifestations de riposte aux émeutes qui ont eu lieu pendant les défilés organisés par les Ligues le 6 février. Ces contre-manifestations seront à l'origine du mouvement qui donnera naissance au Front populaire. De son côté, en 1935, Camus adhère au Parti communiste (qu'il quittera en 1937 lorsque la lutte contre le colonialisme cessera d'être une priorité), crée le Théâtre du travail en 1936, participe à la création de la Maison de la culture d'Alger en 1937 et défendra le projet Blum-Violette. Ses articles dans* Alger républicain *à partir de 1938 lui vaudront un exil forcé, loin d'Alger, en janvier 1940. L'engagement en un temps de violence politique (n'oublions pas* *les blessés et les morts au cours de ces manifestations, le climat de violence dans l'Italie fasciste, l'Allemagne nazie et, à partir de 1936, la guerre d'Espagne) est d'abord un acte de courage physique autant que d'insoumission face à l'inacceptable. La guerre d'Espagne, d'ailleurs, marquera l'accélération de la marche forcée au malheur qui caractérise ces années. Le poème dédié aux enfants d'Espagne qui ouvre* Placard pour un chemin des écoliers *en 1937, s'il n'a pas été lu par Camus lors de sa parution, rapproche clairement les deux hommes. Ce qui les caractérise dès cet instant, c'est un engagement et des prises de position au nom même de ce qu'affirment et défendent leurs œuvres encore en maturation. Cette « éducation » à l'Histoire, pour reprendre un mot de Camus, prépare l'engagement dans la Résistance. Le rapport à la politique plus qu'à l'œuvre d'art est ce qui rassemble deux hommes qui ne se connaissent pas encore. Camus dénonce dans toute tromperie ou lâcheté politique (et aussi dans le cas particulier du colonialisme) la contradiction entre les principes et l'action. Il revendique la cohérence et le respect pour tous. Char quant à lui part de la révolte, de l'insurrection de l'individu pour que la liberté soit retrouvée ou reconquise par chacun.*

Pendant la guerre, tous deux connaîtront la mort d'un ami qui était aussi un créateur et en l'occurrence un poète. Camus préfacera l'édition des Poésies posthumes *de René Leynaud et Char* Ma faim noire déjà *de son compagnon de maquis, assassiné sous ses yeux, Roger Bernard. Dans de telles circonstances, les « Billets à Francis Curel » sont* le *texte essentiel pour approcher la rencontre des deux hommes dans l'immédiat après-guerre. La résonance de ce texte (que Char publiera d'abord dans le premier numéro d'*Empédocle*) avec* L'Homme révolté[1], *paru deux ans plus tard, montre une préoccupation commune et urgente.*

1. Voir dans le numéro 19 de la « Série Albert Camus » de la *Revue des lettres modernes,* Minard, 2001, l'article intitulé « Hommes de Midi, René Char et Albert Camus ».

Comment redevenir « journalier » après tout cela, après avoir « connu et échangé la mort violente » ? La démesure de l'époque, dont la découverte des camps de la mort et l'apparition de la destruction nucléaire sont les symboles, oblige à repenser l'homme, la mesure, le nommable et l'innommable. La familiarité de l'artiste aux prises, dans son art, avec les limites qu'il repousse ou s'impose, lui donne une pertinence particulière pour en montrer l'exercice aux autres hommes. Dans ses Carnets, *Jean Grenier rappelle une phrase de Louis Guilloux à propos d'Albert Camus : « Albert Camus aurait pu être un homme de violence pure mais son idéal contrariait sa nature*[1]*. » La violence, « ce qu'il y a d'aveugle et d'instinctif*[2] *» en chacun de nous, doit s'équilibrer sans tomber dans la liberté vide du dictateur ou dans la servilité aveugle de ses « fidèles » ou de ses « compagnons de route ». On comprend dès lors à quel point la référence à* Caligula *dans la première lettre de René Char à Albert Camus est un signe fort qui permet d'identifier leur « point de contact ». Comment « assumer » la démesure de son temps et celle qui est en chaque homme sans verser dans une sorte de folie stérile et meurtrière ? Cette question qui se pose dans l'Histoire ne peut trouver sa réponse que dans l'exercice patient et parallèle de l'artiste à l'œuvre. Sur « les terres arides de l'art », ses pas peuvent le conduire « au bord de la folie ». L'artiste aux prises avec son œuvre peut faire figure de recours. Pour Camus comme pour Char, il n'y a pas l'œuvre d'une part et l'engagement d'autre part. Ils sont tous deux dans un même élan, mais le salut viendra du créateur : « Dans nos ténèbres, il n'y a pas une place pour la Beauté. Toute la place est pour la Beauté*[3]*. »*

Il y a, avant la source, la terre d'où elle surgit :

1. Louis Guilloux à Jean Grenier, noté par Jean Grenier dans ses *Carnets 1944-1971*, Éditions Claire Paulhan, 1999, p. 383.

2. Dernière interview d'Albert Camus, *Essais*, Gallimard, 1965, « Bibliothèque de la Pléiade », 1925.

3. René Char, *Feuillets d'Hypnos*, 237, dans *Œuvres complètes*, Gallimard, 1998, « Bibliothèque de la Pléiade », p. 232.

Dès qu'il en eut la certitude
À coups de serrements de gorge
Il facilita la parole

Elle jouait sur des illustrés à quatre sous

Il parla comme on tue
Le fauve
Ou la pitié

écrit René Char[1]. *Si l'écriture ne vient pas « naturellement » (elle est violence, arrachement), elle naît aussi de la proximité avec des hommes qui parlent une langue poétique et que René Char nomme les « Transparents ». Mais la tâche du poète est « d'arracher le poème à son errance provinciale pour l'élever au tableau universel ». Il doit parler pour tous. L'enfant des Névons fuit une maison soupçonneuse, l'agonie puis la mort d'un père qu'il eut à peine le temps de connaître, les coups d'un frère brutal et l'indifférence souvent hostile d'une mère, pour se* retrouver *parmi des hommes souvent montrés du doigt en raison de leur liberté de vivre et de penser. L'émergence et la rencontre de la Poésie ont lieu dans un exil à la fois subi et volontaire.*

La naissance de l'écriture chez Camus est elle aussi liée au silence d'une mère (celui-là sans reproche mais d'une indifférence qui suscite à la fois la pitié, l'amour, l'admiration et la peur), à la mort d'un père qui ne peut même pas être imaginé(e) et à l'exil hors de ce monde natal. Si Char est l'homme des rives, Camus est celui des rivages[2]. *L'un retrouve l'espace de la souffrance et de la liberté, de l'effroi et de la joie,*

1. « Possible », *Le Marteau sans maître*, *ibid.*, p. 8.
2. Voir *infra*, lettre n° 90, p. 114.

dans les prairies et sur les bords de la Sorgue, parmi des hommes « forts comme des chênes et sensibles comme des oiseaux[1] *». L'autre parcourt l'espace du rivage, parmi les senteurs de Tipasa ou dans le désert sec du vent à Djemila. Ses « Transparents » sont les peuples métissés d'Alger ou d'Oran. L'exil, le choix de l'écriture obligent à une tension à la fois fidèle et vitale. « Oui, il y a la beauté et il y a les humiliés. Quelles que soient les difficultés de l'entreprise, je voudrais n'être jamais infidèle ni à l'une ni aux autres », écrit-il dans* L'Été.

Les deux hommes, les deux artistes sont, par leurs œuvres, par leurs exigences, irrémédiablement seuls et pourtant pas solitaires. Ils se découvrent peu à peu, pour reprendre l'expression de René Char, un « arrière-pays » commun, une terre de patrie dont le paysage est celui des alentours de L'Isle-sur-la-Sorgue et plus généralement le Vaucluse entre Ventoux et Luberon.

La rencontre précède l'amitié mais lui donne la tonalité particulière qui peut la transformer en fraternité. Ce ne sont pas seulement deux hommes qui se rencontrent en 1946, mais deux immenses artistes très différents l'un de l'autre et pourtant proches dans cette « rivière souterraine » dont seules leurs œuvres peuvent nous rapprocher. L'amitié est alors cette découverte qui dépasse les individus, élargit l'espace de chacun en tant qu'artiste. René Char écrit dans une lettre datée du 3 novembre 1951 : « Je crois que notre fraternité — sur tous les plans — va encore plus loin que nous l'envisageons et que nous l'éprouvons[2]*. » Si, comme l'écrit Camus, « on se sent beaucoup tout d'un coup à être enfin quelques-uns*[3]*... », cette fraternité faite d'admiration et de connaissance respecte la solitude du créateur. Pourtant, tout comme « l'envie d'écrire des poèmes ne s'accomplit que*

1. « Suzerain », *Fureur et mystère*, *O.C.*, *op. cit.*, p. 261.
2. Lettre n° 71, p. 93.
3. Lettre n° 37, p. 55.

dans la mesure précise où ils sont pensés et sentis à travers de très rares compagnons[1] », *le moment de doute dans l'accomplissement d'une œuvre ne peut que s'appuyer sur* « *l'ami, quand il sait et comprend, et qu'il marche lui-même, du même pas*[2] ».

Franck Planeille

1. René Char à Albert Camus, lettre n° 55, p. 74.
2. Albert Camus à René Char, lettre n° 125, p. 147.

NOTE SUR LA PRÉSENTE ÉDITION

La correspondance de René Char et d'Albert Camus s'étend sur à peine plus de douze années. Les deux amis se voyaient régulièrement (mais moins souvent qu'ils ne l'auraient tous deux souhaité). Leur correspondance est donc irrégulière. Char, à l'inverse de Camus, date rarement ses lettres. Cela est encore plus fréquent à partir de 1956, lorsque Camus s'installe durablement rue de Chanaleilles, à Paris, dans le même immeuble que René Char. Les billets portent le plus souvent la seule mention du jour. Il a donc fallu tenter de recouper les dates. La première et plus grande partie de cette édition comporte les lettres datées par leur auteur et celles qui ont pu être replacées avec certitude dans la chronologie. À la fin de ce « corpus », nous avons réuni un petit groupe de lettres qui peuvent être situées dans une période donnée et dans un autre groupe celles qui sont indatables. Tous les éléments reconstitués des dates sont indiqués entre crochets droits et imprimés en italique. Enfin, nous avons indiqué chaque fois que cela était possible l'adresse figurant sur l'enveloppe, ainsi que la date du cachet postal.

En ce qui concerne la transcription, nous avons pris le parti de rétablir les titres des ouvrages lorsqu'ils étaient seulement indiqués par leurs initiales et d'homogénéiser leur graphie. Les titres sont en italique et ceux de poèmes ou de textes courts entre guillemets (par exemple, l'« Arrière-histoire du *Poème pulvérisé* »). Nous avons complété aussi les abréviations de noms, de personnages, de lieux ou de mots courants quand cela ne prêtait pas à confusion.

Nous n'avons pas indiqué les ajouts, surcharges ou biffures du texte, peu nombreux et qui résultent le plus souvent d'une précision de l'ordre de la relecture.

Les références aux textes de René Char et d'Albert Camus renvoient, sauf exception, aux volumes des *Œuvres complètes* publiées dans la « Bibliothèque de la Pléiade » (voir bibliographie en fin de volume).

Les lettres originales de René Char et d'Albert Camus sont, à l'exception de quelques pièces dispersées, conservées pour une part au Département des manuscrits de la Bibliothèque nationale de France, pour une autre part au Centre Albert-Camus d'Aix-en-Provence.

REMERCIEMENTS

L'éditeur remercie Catherine et Jean Camus ainsi que Marie-Claude Char qui ont permis que cette édition soit la plus complète possible. Mme Pia Engelberts, M. Jacques Polge et M. Pierre Leroy nous ont donné accès à des documents souvent inédits ou nous ont fait part d'informations qui ont enrichi autant le corps de cette correspondance que son appareil de notes. Le Centre Albert-Camus d'Aix-en-Provence a grandement facilité nos recherches, en la personne de Marcelle Mahasella dont la compétence et la disponibilité souriantes ont été si précieuses.

Marie-Claire Roux-Planeille et Emmanuelle Fournier ont assuré la transcription parfois difficile des lettres de Camus et de Char avec exigence et fidélité ; Zette Montagnier, Jean-Pierre Roux, Andrée Fosty, Jean-Louis Meunier, Marie-Louise Taittinger nous ont permis d'éclaircir certains détails précieux. Giselle Nègre, Pierrette, Sabine et Thomas Planeille ont accompagné de leurs présences encourageantes ce travail parfois délicat.

Enfin, Alban Cerisier a assuré la relecture et la construction de ce livre avec une grande perspicacité et un constant souci de précision qui servent autant Albert Camus et René Char que leurs lecteurs d'aujourd'hui.

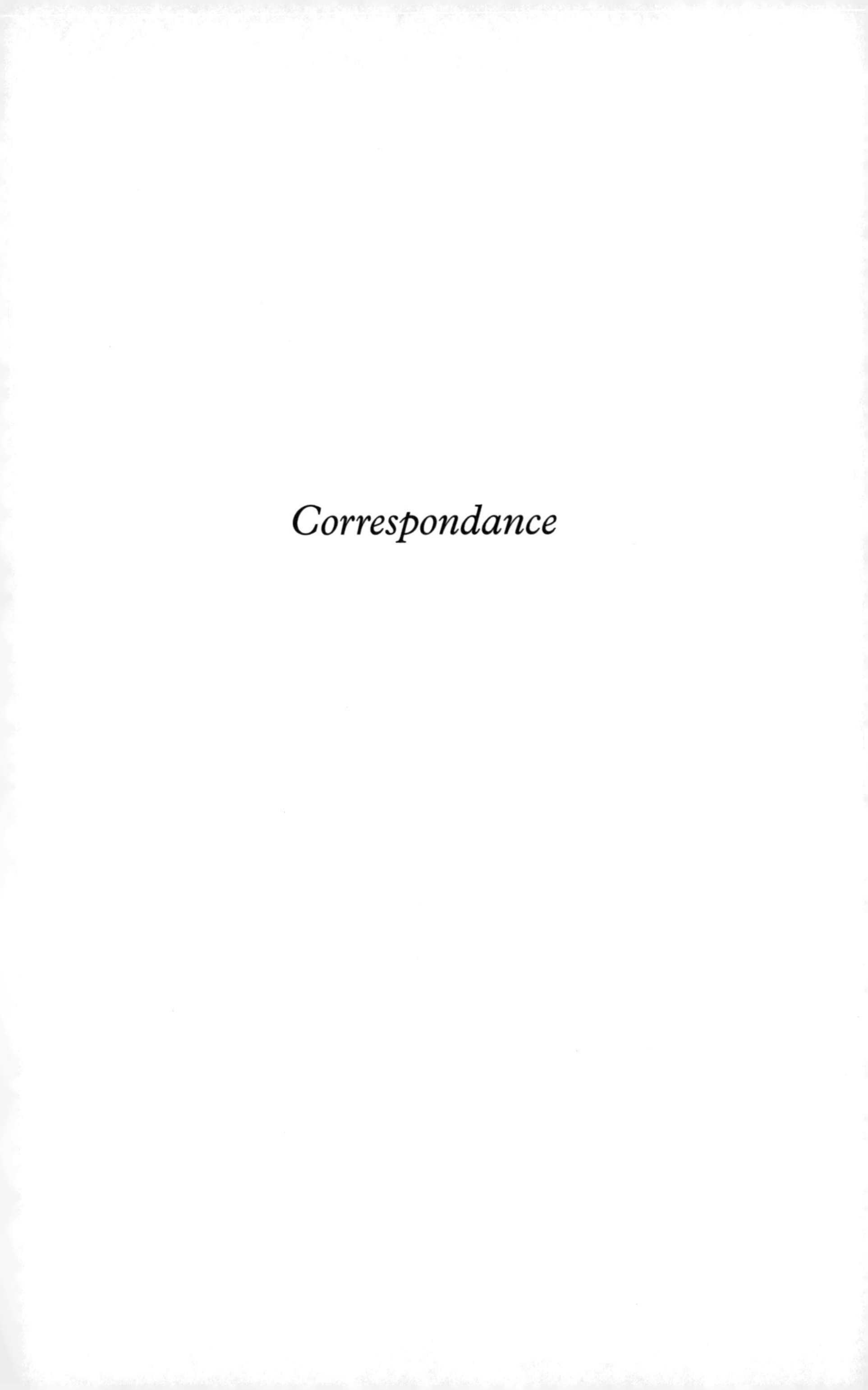

Correspondance

1946

1. — RENÉ CHAR À ALBERT CAMUS

Paris 1er mars 1946

Cher monsieur,

Je serais heureux d'une occasion qui nous permettrait de nous rencontrer[1]. J'aurais plaisir à vous dire mon accord total avec *Caligula*[2] outre la sympathie que j'éprouve pour vous.

René Char

René Char – 6 rue Victorien Sardou, 16e

1. Dans le texte qu'il donna en postface à *La Postérité du soleil*, René Char écrit : « Plus tard, après la Libération, je reçus une lettre de Camus me demandant les *Feuillets d'Hypnos*, dont Gallimard avait le manuscrit depuis quelques semaines, pour sa collection "Espoir". Je ne connaissais pas cette collection que Camus commençait à composer avec des ouvrages qu'il avait, de préférence à d'autres, retenus. Les termes de la lettre de Camus me plurent et m'incitaient à lui confier *Hypnos*. J'avais lu quelques-uns de ses articles dans *Combat*. J'en aimais le timbre précis et la probité. À cela se bornait ma connaissance. » Nous n'avons pas retrouvé trace de cette première lettre de Camus.

2. *Caligula* est publié chez Gallimard en septembre 1945. La pièce est créée le même mois, au théâtre Hébertot, dans une mise en scène de Paul Œttly.

P.S. Je suis à Paris pour une dizaine de jours encore, ensuite dans le midi : L'Isle sur Sorgue — Vaucluse.

2. — ALBERT CAMUS À RENÉ CHAR[1]

4 mars [*1946*]

Cher Monsieur,

Moi aussi je serais content de vous voir. Je pars en voyage la semaine prochaine[2]. Est-ce que cela vous ennuierait de passer un matin à 11 heures à la NRF, cette semaine ?

Si vous n'en avez pas envie, gardons la même heure et

Celui-ci est un proche de Camus. C'est chez les Œttly qu'il a séjourné au Panelier pendant la guerre. Voir Olivier Todd, *Albert Camus. Une vie*, Gallimard, 1999, « Folio » n° 3263, p. 413 et 539. Paul Œttly assurera aussi la mise en scène des *Justes* en décembre 1949. Rappelons que *Caligula* révéla au public Gérard Philipe et Maria Casarès. Sur l'accueil de la pièce, on peut se reporter aux *Œuvres complètes* de Camus, I, dans la « Bibliothèque de la Pléiade ». Par ailleurs, il existe un enregistrement de *Caligula* lu par Camus dans un coffret de trois CD chez Frémeaux et Associés.

1. Enveloppe NRF, adressée au 6, rue Victorien-Sardou (Paris 16e). Sur papier à en-tête de la NRF.

2. C'est à l'invitation des services des relations culturelles du ministère des Affaires étrangères que Camus entreprend un long voyage aux États-Unis de mars à juin 1946. Il embarque le 10 mars au Havre, sur l'*Oregon*. Il rentre en France le 21 juin, après dix jours de mer et débarque à Bordeaux. Le journal de ce voyage fut publié une première fois en 1978 sous le titre *Journaux de voyage* chez Gallimard. Il a été réintégré dans les *Carnets* dans l'édition des *Œuvres complètes*, II, p. 1046 et suiv. Voir aussi dans le même volume le texte de la conférence de Camus du 28 mars 1946, au McMillin Theater, intitulée « La Crise de l'homme » (p. 737 et suiv.), ainsi que l'entretien accordé à Dorothy Norman (p. 674-677). On peut également consulter Herbert R. Lottman, *Albert Camus*, Seuil, 1985, « Points » n° 10, p. 390-406, ainsi qu'Olivier Todd, *Albert Camus...*, *op. cit.*, p. 551-568, qui donne plus de détails sur ce qu'éprouve Camus tout au long de ce voyage, notamment grâce aux lettres qu'il écrit à Michel et Janine Gallimard.

fixez-moi par pneu le lieu et le jour. Merci en tout cas d'avoir bien voulu figurer dans ma collection. *J'aimais beaucoup* ces *Feuillets d'Hypnos*[1].

À bientôt donc et croyez à ma sympathie

Albert Camus

3. — RENÉ CHAR À ALBERT CAMUS

Lundi [*décembre 1946*]

Mon cher Camus.

Voici la petite note au cas où votre ami Bloch-Michel[2] pourrait toucher quelqu'un au cabinet du ministre de la Justice pour faire cesser les tracasseries dont sont l'objet de braves gens dans les Basses-Alpes[3].

Si cela vous ennuie, n'hésitez pas à me le dire et à ne pas agir.

Bien amicalement

R. Char

1. Les *Feuillets d'Hypnos* paraissent dans la collection « Espoir » créée par Albert Camus en octobre 1945. L'édition originale est accompagnée d'une bande reprise par René Char dans *Recherche de la base et du sommet* (*O.C.*, *op. cit.*, p. 653).

2. Jean Bloch-Michel travaille à *Combat* avec Camus dont il sera un ami proche.

3. Après la Libération, René Char continua de s'occuper de ses compagnons de Maquis. Pour certains d'entre eux, le retour à la « vie civile » fut difficile et parfois périlleux. À cela il faut ajouter des règlements de comptes politiques dont l'un des plus connus est l'assassinat de son ami et camarade de résistance Gabriel Besson, en février 1946. Les relations avec les communistes sont tendues. Il en appelle même à Claude Morgan, alors rédacteur en chef des *Lettres françaises* où il publie le texte « Tuez-nous ! » dans le numéro du 8 mars 1946. Voir Laurent Greilsamer, *L'Éclair au front. La Vie de René Char*, Fayard, 2004, p. 220-224, et *infra*, p. 236, dans la chronologie, l'« affaire de Céreste ».

1947

4. — RENÉ CHAR À ALBERT CAMUS[1]

22 juin 1947

Cher Albert Camus,

Ceux qui se plaisent à nommer les trous de mur décorés de barreaux les routes de l'avenir et leur cœur de chiendent l'artère de l'homme, après *La Peste*[2], ne feront plus guère illusion. Vous avez écrit un *très grand livre*. Les enfants vont pouvoir à nouveau grandir, les chimères respirer.

Les « excusés » redeviendront indifférents. Notre temps a bien besoin de vous.

Je vous envoie toute mon admiration affectueuse.

René Char

1. Sur papier à en-tête : « 6, rue Victorien Sardou / Paris (16e) / Jasmin 15-24 / & L'Isle-sur-Sorgue — Vaucluse [*mention manuscrite*] ».

2. *La Peste* paraît aux Éditions Gallimard le 10 juin 1947. C'est aussitôt un succès. Le roman obtient le Prix des critiques le 14 juin. Camus était parti dès la parution du livre pour Le Panelier, où il avait déjà séjourné pendant la guerre. Comme il l'écrit à Louis Guilloux, le succès du livre le déconcerte. En trois mois, *La Peste* se vendra à 96 000 exemplaires. Albert Camus avait inscrit en dédicace sur la page titre de l'exemplaire de René Char : « À René Char, "Seul demeure..." en souvenir des temps de *La Peste* puisqu'ils nous ont réunis comme il fallait. Avec l'admiration et la fraternelle affection d'Albert Camus. » Camus offrit aussi à René Char huit pages manuscrites de la fin du roman, encore éloignées de la version définitive, avec cette dédicace : « À René Char, qui aide à vivre, en attendant notre royaume, son ami et son frère en espoir, Albert Camus » (Vente Pierre Leroy *Sotheby's*, 2002).

5. — ALBERT CAMUS À RENÉ CHAR[1]

[*Le Panelier*] 30 juin [*1947*]

Cher René Char,

J'ai été bien content de votre lettre. Il y a peu d'hommes aujourd'hui dont j'aime à la fois le langage et l'attitude. Vous êtes de ceux-là — le seul poète aujourd'hui qui ait osé défendre la beauté, le dire explicitement, prouver qu'on peut se battre pour elle en même temps que pour le pain de tous les jours. Vous allez plus loin que les autres, n'ayant rien exclu. C'est assez vous dire la joie que m'a causée votre affectueux accord. Ce qui n'a rien à voir avec les qualités ou les défauts de *La Peste*. C'est plus profond.

Puis-je maintenant vous demander un service, comme à un vieux camarade ? Voilà : je suis fatigué de Paris et de la pègre qu'on y rencontre. Mon désir profond serait de regagner mon pays, l'Algérie, qui est un pays d'hommes, un vrai pays, rude, inoubliable. Mais pour des raisons très différentes ce n'est pas possible. Or le pays de France que je préfère est le vôtre[2], et plus précisément le pied du Luberon, la montagne de Lure, Lauris, Lourmarin[3], etc.

1. Enveloppe datée du 2 juillet 1947, adressée à L'Isle-sur-la-Sorgue. Papier à en-tête de la NRF.

2. Dans une lettre à René Char du 30 janvier 1971, Francine Camus écrit : « Merci, cher René, de vos pensées, de votre lettre. Oui, Albert est présent dans nos pensées, dans notre cœur. Et comment ne pas l'associer à vous, comme je l'ai fait plus encore ces temps derniers en relisant toutes vos dédicaces chaleureuses. / Je me souvenais ces temps derniers de notre découverte émerveillée, grâce à vous, du Vaucluse, votre patrie, qui est devenue un peu la nôtre. Nous vous devons beaucoup, et je pense comme vous que les souvenirs sont le présent. »

3. Albert Camus avait séjourné quelques jours à Lourmarin en compagnie de Jules Roy et Jean Amrouche en novembre 1946. Il notait dans ses *Carnets* : « Lourmarin. Premier soir après tant d'années. La première étoile au-dessus du Luberon, l'énorme silence, le cyprès dont l'extrémité frissonne au bout de ma fatigue. Pays solennel et austère — malgré sa beauté bouleversante » (*O.C.*, II,

— Jusqu'ici la littérature ne m'avait pas enrichi. Mais *La Peste* va me rapporter un peu d'argent. Je voudrais acheter une maison dans ce pays. Pouvez-vous m'y aider ?

Vous imaginez sans doute ce qui peut me convenir. Une maison très simple, quoique grande (j'ai deux enfants et je voudrais y loger ma mère, de temps en temps), le plus écartée possible, meublée si possible, plus commode que confortable, et devant un paysage qu'on puisse regarder longtemps.

Je m'excuse de cette demande. Je m'adresse ailleurs aussi[1]. Mais c'est en vous que j'ai confiance : vous vous mettrez à ma place. C'est pourquoi je vous écris tout cela avec simplicité. Si vous ne connaissez rien, ne vous alarmez pas. Vous gardez toujours ma fraternelle pensée

Albert Camus

Jusqu'au 15 juillet : Le Panelier par Mazet Saint Voy — Haute Loire
Ensuite : 18 rue Séguier — Paris 6e

---

op. cit., p. 1067). Il écrivait à Jean Grenier dans une lettre du 4 février 1947 : « Vous ai-je dit que j'ai passé en novembre huit jours à errer d'Avignon à Lourmarin et que j'en ai gardé une profonde impression (vu Bosco à cette occasion — qui m'a dit bien vous connaître. Mais je n'apercevais pas la jonction — homme estimable, mais serré) »,. Albert Camus et Jean Grenier, *Correspondance 1932-1960*, Gallimard, 1981, p. 121.

1. Il écrit à Jean Grenier le 30 août 1947 : « Nous irons dans le Vaucluse vers le 15, parce qu'à ce moment les enfants doivent être rétablis. Si vous rencontrez une maison qui puisse nous convenir, pourriez-vous la signaler à Char que je verrai alors. Vous savez ce que je peux aimer et vous pouvez même décider pour moi, si vous rencontrez la maison idéale » (*ibid.*, p. 131). Jean Grenier répond en septembre : « À Pernes je n'ai passé que quatre jours puisque vous n'y étiez pas et n'ai pu vous chercher de maison. Mais Char que j'ai été très heureux de connaître vous trouvera quelque chose de bien. Seulement les environs de L'Isle me paraissent trop plats ; je préfère le côté de Montmirail, Beaumes-de-Venise ou encore le côté de Saint-Didier, Venasque d'où l'on a une si belle vue sur le Ventoux » (*ibid.*, p. 133).

6. — RENÉ CHAR À ALBERT CAMUS

5 juillet 47

Cher Albert Camus,

Merci de votre lettre et de votre amitié. Les mots retrouvent leur sens exclusif avec vous au même titre que les images qui ne sont rien si elles ne sont également sentiment (et vérité).

Je vais me mettre immédiatement en quête d'une maison pour vous et vous tiendrai au courant de mes démarches. Il existe un village qui s'appelle Cabrières[1] à neuf kilomètres d'ici, le seul village *à sa vraie place*, baigné hiver comme été dans une lumière extraordinaire. Son accès est des plus faciles. La grande chaîne du Luberon lui fait face dans sa plus importante longueur. Je vais diriger mes recherches de ce côté tout en ne négligeant pas les autres éventuellement.

Je serais bien heureux de vous compter parmi mes proches.

Tout affectueusement vôtre

René Char

L'Isle sur Sorgue — Vaucluse

1. Il s'agit de Cabrières à l'est de L'Isle-sur-la-Sorgue, près de Gordes, où René Char conduisit beaucoup de ses amis avant-guerre, notamment André Breton et Paul Eluard.

7. — ALBERT CAMUS À RENÉ CHAR[1]

[*Paris*] 29 juillet [*1947*]

Cher René Char,

Merci de vous être si rapidement occupé de cette maison. Le domaine de Chinchon[2] et la maison « basse et trapue » du plateau de Saumanes me font rêver (bien que, seule, cette dernière soit réellement dans mes prix). Seulement, voilà : je pars demain en Bretagne[3] et ne serai de retour que vers le 15 août. Je ne pourrai donc aller vous voir que dans la dernière semaine d'août. Pourra-t-on tenir ces ventes en suspens jusque-là ? Je viendrai de toute façon, naturellement, et je me réjouis à l'idée de vous voir à loisir.

Merci, merci encore et croyez à ma fidèle pensée

Albert Camus

Chinchon, est-ce meublé ?

1. Enveloppe de la NRF, datée du 30 juillet 1947, adressée à L'Isle-sur-la-Sorgue. Papier à en-tête de la NRF.

2. Chinchon est le nom d'un quartier sur une colline qui domine la plaine de L'Isle-sur-la-Sorgue et qui offre une vue sur toute la plaine du pays des Sorgues et sur le Luberon.

3. Le 4 août 1947, Albert Camus partit de Paris avec Jean Grenier et sa famille pour un périple qui allait les conduire en Bretagne, passant par Rennes, Combourg, Saint-Malo. Voir Jean Grenier, *Carnets 1944-1971*, *op. cit.*, p. 46. C'est au cours de ce voyage que Louis Guilloux accompagna Albert Camus sur la tombe de son père dans le cimetière de Saint-Brieuc. Voir Albert Camus, *Carnets*, III, Gallimard, 1989, p. 27 : « Les cimetières militaires de l'Est. À 35 ans le fils va sur la tombe de son père et s'aperçoit que celui-ci est mort à 30 ans. Il est devenu l'aîné. » Voir aussi, Jean Grenier, *Albert Camus. Souvenirs*, Gallimard, 1968, p. 98-102.

8. — RENÉ CHAR À ALBERT CAMUS

1er août 47

Cher Albert Camus

L'annonce de votre venue, fin août, me remplit de joie. Ne craignez pas d'ici là que les maisons aient trouvé des acquéreurs. Les ventes sont bien ralenties. Et puis sur place tout deviendra facile. Nous n'aurons qu'à bourlinguer dans les villages et les coteaux de notre choix. Nous forcerons les prix à devenir « raisonnables » ! Les maisons se vendent généralement non meublées. Chinchon est fermée, je ne puis savoir. Mais j'ai un très bon ami ici qui se fera un plaisir désintéressé de vous venir en aide à ce sujet.

Bonnes vacances en Bretagne.

À vous affectueusement.

René Char

Soyez gentil de m'aviser deux ou trois jours à l'avance de l'heure et du jour de votre arrivée. J'irai vous chercher à Avignon si nous venez en train.

9. — ALBERT CAMUS À RENÉ CHAR[1]

[*Paris*] 4 septembre [*1947*]

Cher René Char,

Je suis rentré de Bretagne. Mais deux ou trois contretemps, trop longs à vous écrire et d'ailleurs sans intérêt,

1. Enveloppe NRF datée du 7 septembre 1947, adressée à L'Isle-sur-la-Sorgue. Papier à en-tête de la NRF.

m'empêchent de quitter Paris tout de suite. Serez-vous à l'Isle vers le 15 ? Si oui, ne vous donnez pas la peine de me répondre. Je vous préviendrai de mon arrivée. Sinon, je modifierai mon projet pour être sûr de vous rencontrer.

Amicalement vôtre

Albert Camus

10. — ALBERT CAMUS À RENÉ CHAR[1]

[*19 septembre 1947*]

Serai Samedi matin hôtel Europe Avignon[2] — Amitiés — Albert Camus

1. Télégramme daté du 19 septembre 1947, adressé à L'Isle-sur-la-Sorgue, immatriculé : « Paris — N° 540.025 — 13 — 19-09-47 ».

2. René Char relate l'arrivée de Camus dans sa postface à *La Postérité du soleil* : « Camus me proposa de venir à L'Isle (ou je lui demandai) et il arriva un matin. J'allai le chercher en gare d'Avignon. Ce devait être dans l'automne 1946 [*sic*]. La belle animation de la fin de la guerre durait encore, quoique légèrement abaissée. Les rapports entre les gens qui s'étaient connus pendant la Résistance restaient chaleureux, empreints du besoin de se retrouver, peut-être plus de se voir que de se parler, de respirer l'air nouveau, d'en étaler la liberté. / Nous nous rencontrâmes dans un vieil hôtel d'Avignon, qui jouxte les remparts, l'Hôtel d'Europe. J'avais là plusieurs camarades. Je présentai Camus à chacun, et tout de suite il fut de plain-pied avec eux, sachant dire et écouter avec l'enjouement ailé ou réfléchi qui était le sien. Il ne faisait pas effort pour briller ou pour capter l'attention [...]. Le repas achevé, nous partîmes pour L'Isle. Je sentis à la vue de ces montagnes : le Luberon, les Alpilles, le Ventoux, qui entourent la plaine de L'Isle-sur-Sorgue, je compris à l'expression des yeux de Camus, à l'exubérance qui les éclaira, qu'il touchait à une terre et à des êtres aux soleils jumeaux qui prolongeaient avec plus de verdure, de coloris et d'humidité la terre d'Algérie à laquelle il était si attaché. » Camus note dans ses *Carnets* : « L'Isle-sur-Sorgue. Grande chambre ouverte sur l'automne. Automnale elle-même avec ses meubles aux arborescences contournées et les feuilles mortes des platanes qui glissent dans la chambre, poussées par le vent sous les fenêtres aux rideaux couverts de fougères brodées » (*O.C.*, II, *op. cit.*, p. 1094).

11. — RENÉ CHAR À ALBERT CAMUS

Isle 4 octobre 47

Mon cher ami,

J'ai été triste de vous voir partir. Je vous le dis. Il est des rencontres fertiles qui valent bien des aurores. Elles — au premier chef — simplifient et allègent l'entente avec soi-même. *Le Mythe de Sisyphe*[1] me tend son rocher bleu. « Il faut imaginer Sisyphe heureux. » Oui, c'est cela. Cette phrase donne à respirer, donne à prendre. Voilà notre oreiller pour gens actifs. Revenir de tout l'avenir au présent et le garnir de son espoir même jamais réalisé.

La maison de Lagnes sera à la vente à la Toussaint (date où se réunissent les quatre héritiers). Les Mathieu[2] suivent l'affaire. J'aurai le prix de discussion bientôt et vous le communiquerai.

Dites à Francine Camus ma sympathie amicale et croyez-moi de tout cœur à vous en chaude pensée.

René Char

Bonjour à la Truffe[3] !

1. Dans *L'Âge cassant*, daté de 1963-1965, une strophe a été supprimée, que l'on retrouve en variantes dans les *Œuvres complètes* de René Char (*op. cit.*, p. 1242) : « J'évoque Sisyphe oiseau et son rocher nuage. Le premier poussant et déchirant, le second innocentant. »

2. La famille Mathieu habitait à Lagnes. René Char fit leur connaissance après la guerre par l'intermédiaire du docteur Jean Roux et de son épouse Simone qui étaient très proches des Mathieu. Marcelle Mathieu donnait une âme particulière à cette maison des Camphoux où elle reçut par la suite tous les amis de René Char qui sont venus en Vaucluse. Elle leur prêta un cabanon sur une colline qui domine toute la plaine depuis la Durance jusqu'au Rhône. René Char y séjourna pour écrire une grande partie des *Matinaux*. Le « Rebanqué » accueillit ainsi, entre autres, Georges Braque, Nicolas de Staël, Albert Camus, Martin Heidegger...

3. Malgré nos recherches, nous n'avons pas pu rétablir l'identité de ladite Truffe !

12. — RENÉ CHAR À ALBERT CAMUS[1]

[*1947*]

Cher ami

Je m'excuse de vous répondre au dos de ce « mémorable » de l'églantine de Vichy et du fêtard de la défaite... Le Vaucluse, à l'époque, avait ri des yeux et des oreilles !

Merci du *Prométhée*[2]. Merci surtout de ne pas m'oublier au milieu de mes terres de rivière et de leurs brumes obliques

Votre

René Char

1948

13. — RENÉ CHAR À ALBERT CAMUS

Mercredi [*mars 1948*]

Mon cher ami

Je pars passer quatre à cinq jours à Varengeville chez Braque[3]. Je mets à profit son auto ce qui vous explique ma précipitation...

1. Au verso d'une invitation à une conférence de Louis Aragon et d'Elsa Triollet [*sic*], en Avignon le 26 octobre 1946.

2. Il s'agit de « Prométhée aux enfers », daté de 1946, publié en 1947 par Palimugre en édition originale à 250 exemplaires plus 35 sur papier Bulle, et repris en 1954 dans *L'Été*. Cette carte peut être datée de 1947.

3. De retour de Varengeville, René Char écrira à Jean Paulhan, le 11 mars : « J'ai passé auprès de Braque quelques jours à Varengeville. Son teint d'église romane, le cerne de ses yeux m'alarmaient secrètement cependant que les belles flambées de son esprit, son appétit de marcheur bien accordé avec le froid, sa brusquerie constructive tendaient à me rassurer quant à une éventuelle offensive du mal » (René Char, *Dans l'atelier du poète*, édition de Marie-Claude Char, Gallimard, 1996, « Quarto », p. 545).

Excusez-moi pour vendredi. Dès mon retour j'espère avoir le profond plaisir de vous trouver au bout du fil, ensuite de vous voir. L'affection fidèle de votre

René Char

Je charge ma femme de vous téléphoner[1].

14. — ALBERT CAMUS À RENÉ CHAR[2]

Mardi [*avril 1948*]

Chairchar[3],

J'espère que ça va mieux. Pour vous consoler, je vous envoie un poète malade. Homéopathie !

Vous connaissez l'histoire naturellement. Portrait découvert aux puces par un avocat. Peintre belge. Rimbaud vient d'être blessé par Socrate-Verlaine[4].

Vos textes m'ont bien fait plaisir. J'aime par-dessus tout le *ton* du prière d'insérer. Guérissez vite et fructifiez.

Votre ami

A. Camus

1. Jusqu'en 1948, René Char habitait rue Chaplain, chez sa première épouse Georgette. Il louait aussi une chambre à l'hôtel Montalembert. Ils divorceront en 1949.

2. Enveloppe adressée à l'hôtel Montalembert (Paris 7e). Vente Pierre Leroy.

3. *Sic.*

4. Camus joint à cette lettre une des rares représentations de Rimbaud. C'est une peinture à l'huile sur panneau d'acajou due au peintre belge Jef Rosman, intitulée *Épilogue à la française*. Le tableau représente Rimbaud alité après avoir été blessé par Verlaine, en juillet 1873.

15. — RENÉ CHAR À ALBERT CAMUS

Mercredi [*mai 1948*]

Cher ami,

Pour le service de presse de l'*Héraclite*[1] j'aurais besoin d'une liste de noms et d'adresses de « personnes », « critiques », compte rendeurs professionnels — je n'en possède personnellement pas. Pourriez-vous me rendre le service de me la fournir ? Je vous la restituerai demain dans la journée. Naturellement gens susceptibles de s'intéresser au grand Grec et non les autres, avaleurs silencieux.

Je m'excuse mais je suis dans l'embarras !

Dites-moi vos amis ou camarades à qui vous désirez que j'envoie le livre.

Ce sera fait aussitôt.

Merci.

Affectueusement

René Char

Hôtel Montalembert, 3 rue Montalembert

1. Il s'agit de la traduction des Fragments d'Héraclite d'Éphèse, en mai 1948, aux Éditions des Cahiers d'Art d'Yvonne et Christian Zervos, avec une préface de René Char reprise dans *Recherche de la base et du sommet* en 1955 (*O.C.*, *op. cit.*, p. 720). Les quinze premiers exemplaires de tête comportent une eau-forte de Georges Braque. Dans la présentation de René Char à la radio, dans une émission intitulée « Ce soir le rideau se lève sur... », à la fin de l'année 1948, Albert Camus reprendra certains passages de cette édition d'Yves Battistini (*O.C.*, II, *op. cit.*, p. 764). Voir *infra*, annexe, p. 197.

16. — ALBERT CAMUS À RENÉ CHAR[1]

[*Mai-juin 1948*]

Cher ami,

Voici le service de presse qu'on utilise ici pour les livres de philosophie. Il me semble judicieusement choisi. Ajoutez-y :

Jean Grenier. Université Fouad I. Alexandrie

Louis Guilloux. 13 rue Lavoisier. Saint-Brieuc (Côtes-du-Nord)

Louis Gernet. Université d'Alger. Algérie

Paul Mathieu. 53 boulevard Saint-Saëns. Alger[2]

et ce sera très honorable.

Je quitte Paris vendredi jusqu'à lundi. Voulez-vous que nous nous retrouvions alors ? Je vous téléphonerai.

Votre ami

Albert Camus

1. Sur papier à en-tête de la NRF.

2. Louis Gernet et Paul Mathieu avaient tous deux été les professeurs de Camus à Alger. Louis Gernet fut doyen de la faculté et membre du jury devant lequel Albert Camus présenta son mémoire de diplôme d'études supérieures de philosophie consacré à Plotin et saint Augustin (Albert Camus, *O.C.*, I, *op. cit.*, p. 999, et Olivier Todd, *Albert Camus...*, *op. cit.*, p. 68). En août 1959, Camus note : « M. Mathieu prend sa retraite de professeur de lettres. Pour affronter la mort il n'y a que les recettes de l'humanisme classique » (*Carnets*, III, *op. cit.*, p. 274).

17. — ALBERT CAMUS À RENÉ CHAR[1]

25 juin [*1948*]

Mon cher ami,

Voici mon spectacle[2]. Votre avis plus que tout autre m'importe aujourd'hui. J'ai essayé de parler pour nous tous[3].

Que vous dire de plus sinon ma confiance et mon amitié ?

A. C.

18. — RENÉ CHAR À ALBERT CAMUS[4]

Mercredi [*juin 1948*]

Cher ami,

J'ai essayé de vous atteindre au téléphone sans succès.

Sonne pas libre, à croire que mille abeilles volent sur la ligne Littré... Quand partez-vous ? Je crains hélas de n'avoir pas le droit de voyager avec vous cette fois[5] car je dois

1. Enveloppe adressée à l'hôtel Montalembert (Paris 7e). Papier à l'en-tête de la NRF. Vente Pierre Leroy.

2. En juin 1948, avant son séjour en Provence, Albert Camus avait travaillé à sa pièce *L'État de siège*. Un tapuscrit était achevé, que Camus dut de nouveau reprendre. Il inscrira sur un exemplaire du service de presse, à la sortie du livre en décembre 1948, cette dédicace : « À René Char défendeur de citadelles pour le remercier de faire que l'amitié soit fière et l'affection tacite. »

3. Sur le pari que représentaient l'écriture et la création de *L'État de siège*, voir la notice dans Albert Camus, *O.C.*, II.

4. Sur papier à en-tête de l'hôtel Montalembert (Paris 7e).

5. Camus rejoint alors sa famille à L'Isle-sur-la-Sorgue où il a loué une vaste maison. Il y apporte le manuscrit de *L'État de siège* auquel il va travailler pendant l'été. C'est au cours de ce séjour vauclusien que Camus écrit « L'Exil d'Hélène » qui paraîtra dans le numéro spécial des *Cahiers du Sud* intitulé « Permanence de la Grèce ». Ce texte sera repris dans *L'Été* en 1954. Albert Camus avait offert le manuscrit de « L'Exil d'Hélène » à René Char avec cette dédicace : « À René

remettre le 20 un scénario à tourner en septembre et rencontrer Agostini[1] qui le tournera[2]. Je ne partirai que le 22 pour là-bas.

J'ai demandé des bons d'essence pour vous à Grillet[3], mon ami de Briançon.

Ils ont pu arriver aujourd'hui rue Sardou où je serai demain. Je vous les fais tenir aussitôt.

Pourra-t-on se voir avant votre départ ? Je vous téléphonerai rue Séguier demain matin mercredi.

De tout cœur

René Char

Char, cette Hélène, passion commune, fraternellement », datée du 30 août 1948. On pourra aussi se reporter utilement au texte de présentation de René Char dit par Albert Camus à la radio la même année : Albert Camus, *O.C.*, II, *op. cit.*, p. 764. Voir aussi, dans le même volume, les *Carnets*, p. 1115 et suiv.

1. Philippe Agostini (1910-2001) travailla avec les plus grands cinéastes (Duvivier, Autant-Lara, Bresson, Carné, Pagnol, Guitry...) en tant que chef opérateur et directeur de la photographie avant et après guerre.

2. Dès 1946, René Char s'intéresse au cinéma. Il écrit plusieurs scénarios de films. Ces projets ne pourront pas être réalisés malgré l'appui d'Yvonne Zervos. Seul le texte intitulé *Sur les hauteurs*, paru en 1949, sera tourné en court métrage à Aulan la même année, sous la direction artistique d'Yvonne Zervos. René Char écrit à Marcelle Sidoine à propos de ses projets au cinéma : « Pour le cinéma, le grand coup des contrats doit être pour ces prochains jours. Je propose un court film pour tout de suite (décembre-janvier) avec le chef-opérateur et moi à L'Isle. En avril, le grand film. J'espère qu'on acceptera » ; et à Jacques Dupin en août 1948 : « Nous allons tourner début septembre à Aulan, dans le Mont-Ventoux, un film de court métrage dont j'ai écrit le scénario et assurerai avec Fossard, l'opérateur des *Visiteurs du soir*, la mise en scène. Équipe minimum. Je désire vivement que tu joues un rôle et que tu m'aides. » Voir à ce propos Laurent Greilsamer, *L'Éclair au front...*, *op. cit.*, p. 255-258.

3. André et Ciska Grillet ont rencontré René Char pour la première fois pendant la Résistance. Ils ont hébergé pour un temps Bruno Charmasson, alias Arthur (*ibid.*, p. 204-205). À la Libération, André Grillet devint sous-préfet à Briançon. René Char encouragea l'œuvre picturale de Ciska en organisant une exposition à la galerie Claude, rue de Seine, dès juin 1949. La liste des invités au vernissage mêle les camarades de Résistance aux grands noms de la littérature et des arts. Il écrira un texte de présentation repris dans *Recherche de la base et du sommet* (*O.C.*, *op. cit.*, p. 687). Ciska Grillet sera par la suite très liée aux amis de René Char, et notamment à Nicolas de Staël.

19. — ALBERT CAMUS À RENÉ CHAR[1]

[*Paris*] 21 septembre [*1948*]

Mon cher ami,

J'ai sur ma table le justificatif de *Fureur et mystère*[2]. Un mot seulement pour vous dire ma joie, et pour vous redire que c'est le plus beau livre de poésie de cette malheureuse époque. Avec vous, le poème devient courage et fierté. On peut enfin s'en aider, pour vivre.

Je n'étais pas content de vous quitter si vite et si mal (que de monde alors dans cette Isle[3] !). Mais j'ai été heureux de vivre un peu plus près de vous, cet été. Peut-être aussi vous ai-je mal remercié de la dédicace des *Feuillets d'Hypnos*[4]. Elle m'a touché pourtant, à la place même de l'amitié que je vous porte, et qui vous sera fidèle.

À bientôt. Faites-moi signe en revenant. Et d'ici là, ne doutez pas de mon affectueuse pensée.

Albert Camus

1. Enveloppe de la NRF, datée du 21 septembre 1948, adressée à L'Isle-sur-la-Sorgue. Papier à en-tête de la NRF.

2. *Fureur et mystère* paraît en septembre 1948 chez Gallimard. René Char offre l'exemplaire n° 1 sur Hollande à Albert Camus avec l'envoi suivant : « Pour Albert Camus un des très rares hommes que j'admire et aime et dont l'œuvre est l'honneur de ce temps. / René Char. »

3. Albert Camus venait de séjourner deux mois avec sa famille auprès de René Char à L'Isle-sur-la-Sorgue.

4. À l'occasion de leur reprise dans *Fureur et mystère*, René Char dédie les *Feuillets d'Hypnos* à Albert Camus. Rappelons que *Fureur et mystère* regroupe dans cette édition de 1948 *Seuls demeurent*, les *Feuillets d'Hypnos*, *La Conjuration*, *Le Poème pulvérisé*, ainsi que *Les Loyaux adversaires*. Voir René Char, *O.C.*, *op. cit.*, p. 1364 et suiv.

20. — RENÉ CHAR À ALBERT CAMUS

L'Isle 27 septembre 48

Mon cher ami,

Merci de votre pensée, la plus affectueusement accueillie. Vous êtes un des très rares dont l'approbation m'aide à travailler, à aller de l'avant. *Fureur et mystère* est aussi *votre* livre. Il me tarde de vous voir, de venir à Paris pour vous voir. Je déteste Paris, cependant tout ce qui compte colle à cet étrange aimant : vous, deux ou trois autres frères...

La connerie de film est achevée[1]. Je ne me gratte plus mais quel eczéma !

À bientôt, de tout cœur présent, votre

René Char

Je pense à votre pièce et au pouvoir qu'elle a[2].

1. En avril 1947, *La Conjuration* est jouée au Théâtre des Champs-Élysées. René Char se tourne vers le cinéma, écrit en quelques semaines le scénario de ce qui devait finalement devenir une pièce de théâtre, *Le Soleil des eaux*, qui sera mis en ondes par Alain Trutat et diffusé en avril 1948. Cependant, René Char restera un moment dans l'espoir de créer pour le cinéma. En cette année 1948, à L'Isle-sur-la-Sorgue, il s'essaie à un premier tournage du *Soleil des eaux* avec ses amis Georges et Gaston Irrisson, photographes professionnels et cinéastes amateurs (ils filmeront pendant quelques années la chronique de la vie locale). Des enfants des amis islois seront figurants. Jean-Pierre Roux, futur maire de L'Isle, jouera par exemple le rôle de Cui-Cui. Dans un exemplaire du *Soleil des eaux* qu'il lui offre en 1950, René Char inscrit la dédicace suivante : « Pour Jean-Pierre, Cui-Cui dans *Le Soleil des eaux* et dans l'affection de René Char. » Quelques scènes furent tournées mais l'ensemble ne put satisfaire René Char qui abandonna ce projet. (Entretiens avec Gaston Irrisson et Jean-Pierre Roux.)

2. René Char fait allusion à *L'État de siège* que Camus travailla en partie lors de son séjour à L'Isle-sur-la-Sorgue.

21. — RENÉ CHAR À ALBERT CAMUS

Samedi [*1948*]

Mon cher ami,

J'ai retrouvé, en élaguant des papiers, des notes brouillonnées[1] en octobre 44. Elles seront mieux dans votre exemplaire d'*Hypnos* que chez moi !

J'ajoute le court texte que je vous ai lu.

À très bientôt

Bien affectueusement

René Char

22. — ALBERT CAMUS À RENÉ CHAR[2]

[*1948*]

Mon cher Char,

Merci pour ces beaux manuscrits. Ils font se transformer en amitié et en espoir, pour quelques hommes[3]. Si jamais des textes ont été faits pour ça, ce sont les vôtres.

Affectueusement

Camus

Je ne veux pas vous ennuyer. Mais, à l'occasion, demandez autour de vous... et merci encore.

1. Une dactylographie des *Feuillets d'Hypnos*, avec de nombreuses corrections.

2. Enveloppe adressée à l'hôtel Montalembert (Paris 7e). Vente Pierre Leroy.

3. *Sic.*

23. — ALBERT CAMUS À RENÉ CHAR[1]

[*Fin octobre 1948*]

Mon cher ami,

J'ai été désolé de votre lettre. Désolé pour vous et pour moi : j'avais besoin de vous ce soir-là. Ai-je besoin de vous confirmer que vous étiez le premier sur la liste de mes amis personnels et qu'il s'agit évidemment d'une invitation de l'administration du Marigny, qui aime les mauvaises fréquentations[2]. Vous allez recevoir une invitation et, je l'espère, des excuses. Je crois que Barrault vous a téléphoné. Il n'est pour rien dans tout ceci.

Votre ami

Albert Camus

1949

24. — RENÉ CHAR À ALBERT CAMUS

[*Mai-juin 1949*]

Mon cher Camus

Voulez-vous avoir la gentillesse, soit de me faire remettre le manuscrit *Le Livre de la ressemblance*[3] du poète Bernard

1. Vente Pierre Leroy.

2. La première de *L'État de siège* eut lieu au théâtre Marigny le 27 octobre 1948. La pièce recevra un accueil plutôt mitigé et ne restera pas très longtemps à l'affiche.

3. Ce livre paraîtra dans un tirage à 689 exemplaires chez GLM en 1952. René Char recevra deux lettres de Suzanne Agnely, secrétaire de Camus : « Monsieur, vous trouverez ci-joint le manuscrit de Monsieur Courtin que je

Courtin afin que je prenne copie du poème « Légende » qu'*Empédocle* n° 3 publiera, soit de faire taper ce poème et de me le faire tenir. Je l'enverrai à la composition dès que je l'aurai, pour *Empédocle*[1].

La date de votre départ doit être proche[2]. Ça va j'espère ?

Amitiés

R. Char

Si je ne vous vois pas avant votre départ, je n'ai pas besoin de vous rappeler que vous pouvez disposer de moi, en votre absence, pour quoi que ce soit. Prenez-en note.

---

m'excuse de ne pas vous avoir fait parvenir plus tôt. Je ne puis vous remettre en même temps *Le Jeu de patience* car il est déjà épuisé complètement ici. On le réimprime et, dès qu'il y aura un exemplaire disponible, je vous le ferai tenir » ; puis une lettre du 3 juin 1949 : « Veuillez trouver ci-joint le poème "Légende" de Bernard Courtin, tapé pour la revue *Empédocle*. Je garde le manuscrit. Voici l'adresse de l'auteur du poème, à tout hasard [...]. » Le poème « Légende » de Bernard Courtin paraîtra effectivement dans le numéro 3 de la revue *Empédocle* de juin-juillet 1949.

1. L'aventure d'*Empédocle* durera pendant onze numéros. Le premier paraît en avril 1949 avec au sommaire des textes d'Herman Melville, Albert Camus (« Le Meurtre et l'absurde »), Georges Braque (« Suite aux Cahiers »), Jean Vagne, Jean Grenier (« L'Histoire a-t-elle un sens ? »), Louis Guilloux, Yves Battistini (« Empédocle »), et René Char (« Recherche de la base au sommet »). Le dernier numéro sera celui de juin-juillet 1950. Dans une lettre du 15 janvier 1949, Albert Camus écrivait à Jean Grenier : « Char et moi voulons faire une revue. Elle s'appellera sans doute *Empédocle* (vous vous souvenez de Nietzsche "Empédocle met toute sa virulence à décrire cette ignorance (de l'homme)". Ne voudriez-vous pas y tenir la chronique philosophique ? [...] Acceptez, voulez-vous ? Il est peut-être temps que les "quelques-uns" dont parlait Gide se réunissent. » Albert Camus et Jean Grenier, *Correspondance*, *op. cit.*, p. 151-152.

2. Le 30 juin 1949, Albert Camus s'embarque à Marseille pour une tournée de conférences en Amérique du Sud. Après vingt jours de mer, il arrive à Rio de Janeiro. Les 22 et 23, il voyage à Recife et à Bahia, puis revient à Rio. Le 2 août, il part pour São Paulo où il donne cet entretien qu'il envoie à René Char. Du 5 au 7 août, il voyage à Iguape, part le 9 pour Montevideo, puis à Buenos Aires chez Victoria Ocampo. Du 14 au 19, il est au Chili puis regagne à Rio en passant de nouveau par Buenos Aires et Montevideo, où il rencontre José Bergamín. Le 31, il part de Rio par avion pour Paris.

25. — RENÉ CHAR À ALBERT CAMUS

Jeudi [*juin 1949*]

Mon cher Albert,

Ci-inclus la lettre de Max Fischer[1]. Peut-être sans vous ennuyer pourriez-vous écrire un mot à ce M. Aumage pour lui demander ses intentions ? Cette pensée de vous voir tout un été[2] filer au diable m'attriste.

Affection

R. Char

26. — ALBERT CAMUS À RENÉ CHAR[3]

Sao Paulo
8 août [*1949*]

Cher ami,

Je pense à vous ici et parle de vous[4]. C'est un peu pour cela que je vous écris. Vous trouverez ci-dessous l'adresse

1. Avocat parisien, Maxime Fischer se réfugie dans le Vaucluse dès le début de l'Occupation. Il entre dans le réseau Combat et dirige le Maquis du Ventoux avec le colonel Beyne. Après une brève rencontre avec René Char pendant la guerre, ils se retrouvent à la Libération en Avignon, où Max Fischer est nommé par Raymond Aubrac « sous-préfet délégué à l'épuration ». À la fin de la guerre, il regagnera Paris. Il resta un proche de René Char.

2. René Char fait référence au long voyage que Camus va entreprendre fin juin 1949.

3. Enveloppe air mail, datée du 8 août 1949, adressée à l'hôtel Montalembert (Paris 7e), réexpédiée à L'Isle-sur-la-Sorgue.

4. Albert Camus joint à cette lettre une coupure de presse du *Diaro de S. Paulo* du 6 août avec le titre suivant : « Afirma Albert Camus : "*E a liberdade o problema mas grave do mundo contemporaneo. René Char o acontecimento da nova poesia francesa*". » Albert Camus reprend dans le cours de l'entretien les termes de sa présentation de René Char quelques mois plus tôt dans l'émission « Le rideau se lève sur... ». « René Char, dit-il au journaliste brésilien, est le plus

de deux écrivains brésiliens qui connaissent votre œuvre parfaitement et vous admirent en connaissance de cause. Leur enthousiasme est même si touchant que je leur ai promis de vous demander pour eux un service de *Claire*, par exemple, avec un mot de votre main. Demandez aussi à Gallimard de faire envoyer *maintenant* des *Fureur et mystère* aux libraires de Rio et de Sao Paulo. Ils seront enlevés dans la journée. Rien ne pourrait me faire plus de plaisir que de vous retrouver ici dans les hommes valables de ce pays.

Pays trop chaud, d'ailleurs, où la nature mangera un jour les fragiles décors surélevés dont l'homme essaie de s'entourer. Les termites vont dévorer les gratte-ciel, tôt ou tard, les lianes vierges bloqueront les autres et la vérité du Brésil éclatera enfin. Mais vous n'avez que faire de mes impressions de voyage. Je rentre à la fin du mois, content de rentrer, impatient de vous revoir. Serez-vous à Paris ? Ne doutez pas d'ici là de ma fraternelle et fidèle affection.

A. Camus

Pensez aussi à l'un de vos admirateurs français :
Paul Sylvestre
Consulat de France
Sao Paulo

---

grand événement dans la poésie française depuis Rimbaud. De nos jours c'est le poète qui en France élève le plus haut son chant et qui communique la plus grande richesse humaine. Et quand on parle de poésie, on est près de l'amour, cette grande force que l'on ne peut remplacer par l'argent qui est vil, ni par cette malheureuse chose qu'on appelle la morale. » Voir aussi *O.C.*, II, *op. cit.*, p. 764.

Murilo Mendes
(poète)
72 rue Ibiturina
Rio de Janeiro
Brésil

Oswald de Andrade
(romancier et [*illisible*])
18 rue Ricardo Batista
Sao Paulo
Brésil

[*Au centre d'un feuillet à l'en-tête de la NRF :*]

Bienvenida !
(en péruvien)

27. — RENÉ CHAR À ALBERT CAMUS

L'Isle, 17 août 49

Mon cher ami,

Bonne surprise ce matin au courrier avec votre lettre... L'été est long sans vous et L'Isle où je me trouve depuis cinq jours (jusqu'à fin septembre) aimerait bien à nouveau vous apercevoir. Allez-vous venir ici après votre retour ? Faites-nous, je vous prie, ce plaisir. J'ai vu Francine hier. Ça a l'air de bien aller à Palerme[1]. Elle trouve, m'a-t-elle dit, le temps long, vu au chemin immense où vous vous enfoncez avec des bottes de cent lieues ! Mais elle cspère votre retour pour bientôt.

Merci, de cœur, mieux que de vous souvenir de moi là-bas, d'affirmer et d'encourager mon existence poétique.

1. Camus loua à plusieurs reprises cette vaste maison en dehors de L'Isle-sur-la-Sorgue d'où l'on peut voir le Luberon, construite au milieu de prairies et non loin d'une petite colline, « le Bosquet », sur laquelle vécut pendant des années Toquebiol, l'un des « Transparents » chers au cœur de René Char.

Tout de même revenez, mon cher Albert, car vous nous manquez beaucoup.

À Paris, la paix des larves se poursuivait jusqu'à mon départ, qu'il n'aura vraisemblablement pas rompue.

J'envoie *Claire* aux noms que vous m'indiquez et écris à Hirsch[1] pour servir chaud *Fureur et mystère* aux bons lecteurs de Rio et de Sao Paulo.

Toute mon affection fraternelle, mon cher ami.

À vous

René Char

28. — RENÉ CHAR À ALBERT CAMUS[2]

L'Isle-sur-Sorgue, 4 octobre 1949

Mon cher Albert,

Je vous transmets une lettre que je viens de recevoir. L'auteur en est le critique Frank Elgar[3] (de son vrai nom Roger Lesbats, 25 rue Lamarck, Paris. Tel. Mont 96-35). C'est un très brave et très loyal type, très sourd physiquement aussi, hélas !

Avez-vous passé quelques jours paisibles au Chambon[4] ?

1. Louis-Daniel Hirsch était le directeur commercial des Éditions Gallimard, membre à ce titre du comité de lecture, personnage important de la maison.

2. Au verso d'une page à l'en-tête des « Établissement G. Gillet et fils, fruit, Primeurs, Produits du sol, Bd des Dames à Marseille ». G. Gillet était un important expéditeur de primeurs et surtout de raisins, installé aussi à L'Isle-sur-la-Sorgue et chez lequel travaillait Francis Curel, ami très proche de René Char.

3. Frank Elgar fut un grand critique d'art, auteur dès 1949 de deux livres remarqués, l'un sur Van Gogh et l'autre sur Gauguin, chez Hazan. D'autres suivront sur Braque, Picasso, Cézanne... En 1958, il publiera chez Maeght *Résurrection de l'oiseau* avec quatre lithographies originales de Georges Braque.

4. Revenu du Brésil, Albert Camus va chercher sa famille en Provence puis, après un retour à Paris, repart pour Le Panelier au Chambon-sur-Lignon, où il continue de travailler sur le texte des *Justes*.

C'était triste de vous voir partir si vite, mais bien compréhensible !

J'espère que votre pièce *Les Justes* ne vous donne pas trop de tracas.

Bonnes amitiés à Francine et bien affectueusement à vous.

René Char

29. — RENÉ CHAR À ALBERT CAMUS

L'Isle vendredi [*octobre 1949*]

Mon cher Albert

J'aimerais bien pour vous que vos tracas s'épuisent au lieu de vous épuiser. Cela m'ennuie quand vous n'êtes pas « content » (content de droit !). L'été a une belle vieillesse ici, il continue à traverser, à parcourir les champs son bâton feuillu à la main. Mais quelle tristesse, mais quelle angoisse magnétique dans l'air et sur les choses ! Les êtres eux se font simplement mal, c'est toujours l'aurore pour les plaies. Aimer, ne pas aimer ? Quel long vertige... Et on ne peut rester jamais *deux*. Dès que l'on est définitivement deux ! Les autres, la morale, ce foyer déjà bâti que rien n'autorise à défaire que son propre plaisir... Est-ce suffisant ? On ne sait plus. On dure.

J'ai envoyé à Gaston Gallimard *Les Matinaux*[1] aujour-

1. Dans une lettre datée du 21 octobre 1949, Gaston Gallimard écrit à René Char : « Si je ne vous ai pas répondu plus tôt, c'est que le manuscrit de *Les Matinaux* ne m'a été remis que ce matin. Comptez sur moi pour l'envoyer directement à l'impression. Je n'ai pas besoin de vous dire que je suis particulièrement heureux d'avoir à travailler pour vous. C'est ma récompense de tant de besognes commerciales auxquelles la nécessité m'oblige. » *Les Matinaux* paraissent le 20 janvier 1950.

d'hui. La seconde partie de ce livre m'a beaucoup *coûté*. Elle est récente, elle contient « l'expérience[1] » à laquelle je fais allusion plus haut. Je serais heureux que vous la lisiez avec les yeux du cœur qui sont vos yeux, avant que les imprimeurs ne s'en mêlent. Si je n'avais craint de vous déranger je vous aurais adressé le manuscrit directement à vous. Je n'ai pas osé.

Je vous prie de dire mon amitié à Francine, d'embrasser les enfants.

Affectueusement à vous

René Char

30. — ALBERT CAMUS À RENÉ CHAR[2]

7 novembre [*1949*]

Mon cher René,

Oui, je crois comprendre — et je suis avec vous. La vérité est qu'il faut rencontrer l'amour avant de rencontrer la morale[3]. Ou sinon, les deux périssent. La terre est cruelle. Ceux qui s'aiment devraient naître ensemble. Mais on aime mieux à mesure qu'on a vécu et c'est la vie elle-même qui sépare de l'amour. Il n'y a pas d'issue — sinon la chance, l'éclair — ou la douleur.

1. Le manuscrit du poème « Anoukis et plus tard Jeanne », daté du 18 septembre 1949, est joint à cette lettre (voir René Char, *Les Matinaux*, in *O.C.*, *op. cit.*, p. 314-315). On pourra consulter à propos de ce poème la lecture qu'en fait Paul Veyne dans *René Char en ses poèmes*, Gallimard, 1990, « NRF Essais », p. 424-425.

2. Enveloppe adressée à L'Isle-sur-la-Sorgue, réexpédiée 6, rue Victorien-Sardou (Paris 16e). Vente Pierre Leroy.

3. On trouve une pensée comparable dans les *Carnets* à la fin de l'année 1948 : « Il faut rencontrer l'amour avant d'avoir rencontré la morale. Ou sinon, le déchirement » (*O.C.*, II, *op. cit.*, p. 1118).

Les Matinaux vous grandissent encore. Vous avancez avec certitude — sur ce chemin-là du moins, vous n'hésitez jamais. Tout porte fruit pour vous — un des rares *créateurs* d'aujourd'hui.

Je vous écris du lit. Une rechute de ma vieille maladie. Six semaines à l'horizontale et puis ce seront des mois de montagne. Le retranchement est difficile. J'ai passé l'âge du rêve. Et puis mon effort constant a été de repousser la solitude, la différence, l'intime. Je voulais être *avec*. Mais il y a une destinée, c'est là ma seule croyance. Et pour moi, elle est dans cette lutte où rien n'est facile.

Je vous écris comme à mon ami, et à mon frère. Mais ne me croyez pas trop triste, vous savez que j'ai de la philosophie. Je fais des vœux pour vous, les vœux les plus chaleureux et j'appelle la chance sur vous... À bientôt, avec toute mon affection.

Albert Camus

31. — RENÉ CHAR À ALBERT CAMUS[1]

Samedi matin [*17 décembre 1949*]

Mon cher Albert,

Je me réjouis beaucoup pour vous de l'accueil que *Les Justes* ont reçu dès jeudi[2] de la part des meilleurs, nombreux encore à pouvoir s'éprendre d'une grande œuvre dont le cœur persistant n'a fait que commencer de battre. Il sera écouté et entendu longtemps, soyez-en sûr.

1. Au verso d'une feuille à l'en-tête des *Cahiers d'Art*.
2. *Les Justes* sont créés au théâtre Hebertot le jeudi 15 décembre 1949 avec, dans les principaux rôles, Serge Reggiani et Maria Casarès. Malgré certaines critiques, la pièce tint l'affiche plus de six mois.

Nous viendrons ce soir, Henry Mathieu[1] et moi, vous applaudir et applaudir P[*aul*] Œttly[2] et vos interprètes.

Merci de cette nouvelle présence que vous nous apportez.

Affectueusement

René Char

Braque, les Zervos[3] seront également là.

1950

32. — RENÉ CHAR À ALBERT CAMUS

Paris 5 janvier 1950

Cher Albert,

Il est un temps sur vous, j'espère, favorable à une humeur non tempêtante. À Paris ça pleurniche comme un robinet ! Les ressources de la Méditerranée étant bleues par nature, on peut faire fonds sur elles malgré les éclipses... Ces détours pas fins pour vous dire ma pensée...

L'essentiel est que vous vous rétablissiez sans trop de contrariétés[4]. Je n'aimais pas du tout pour vous ce voyage

1. Henry Mathieu est le fils de Marcelle Mathieu qui reçut les amis de René Char en Provence, à Lagnes. Elle prêtait son cabanon du Rebanqué aux mêmes amis. Un des séminaires du Thor eut d'ailleurs lieu au Rebanqué.

2. Paul Œttly, ami d'Albert Camus, avait assuré la mise en scène des *Justes*.

3. L'amitié de Char avec les Zervos est déjà ancienne. En 1947, ils ont donné l'impulsion de ce qui deviendra le Festival d'Avignon, en organisant aussi une grande exposition des œuvres de Georges Braque. En avril 1949, est paru *Le Soleil des eaux* de René Char avec quatre eaux-fortes de Georges Braque. L'amitié entre Char et Braque passe aussi par les *Cahiers d'Art* des Zervos.

4. À son retour d'Amérique du Sud, Albert Camus part pour Le Panelier puis rentre de nouveau à Paris pour les répétitions des *Justes*. En octobre, le diag-

en Brésil, pays du curare et du café, de l'équateur et des glaciers.

Cher Albert, je serais heureux que l'un de vous deux prît la plume, même rapidement, et me dise comment vous allez. Oui. *J'attends cela sérieusement.*

Je vous envoie mes vœux, mon affection.

Toute mon amitié à Francine.

Fidèlement votre

René Char

33. — ALBERT CAMUS À RENÉ CHAR[1]

[*Cabris*] 10 janvier 1950

Mon cher René,

Le temps est merveilleux ici et vous aimeriez (*vous aimerez*) cette maison lumineuse et calme où tout est à portée de la main[2]. Je m'y repose, le temps coule doucement. Et si seulement j'avais meilleur cœur, ce serait la paix. Mais l'année qui vient de s'écouler n'a pas été bonne pour moi. Et je me débats un peu dans son héritage.

Je suppose pourtant qu'il faut faire confiance à celle qui vient. Vous savez que, parmi les vœux que je puis former,

---

nostic des médecins est alarmant. La maladie le menace de mort. Il doit s'aliter et se soigner. Il assiste tout de même à la première, le 15 décembre 1949, malgré un état de santé très précaire. Il part ensuite pour Cabris où il va séjourner longuement et à plusieurs reprises pendant toute l'année 1950 et une partie de 1951. Voir : Herbert R. Lottman, *Albert Camus, op. cit.*, p. 484 et suiv.

1. Enveloppe datée du 11 janvier 1950, adressée à l'hôtel Lutèce (5, rue Jules-Chaplain — Paris 6e). Papier à en-tête de la NRF.

2. Lors de ce premier séjour à Cabris, Camus habite la maison de Pierre Herbart. Voir Herbert R. Lottman, *Albert Camus, op. cit.*, p. 488.

quelques-uns des plus chaleureux vous concernent, vous et votre œuvre. Au midi de l'année, vous avez votre place.

Je me réjouis en tout cas de lire *Les Matinaux* de nouveau et cette fois devant le beau paysage qui s'étend devant mes fenêtres. Écrivez-moi ce que vous faites et si votre projet de venir ici tient toujours.

Francine et moi vous envoyons notre affectueuse amitié,

Albert Camus

34. — RENÉ CHAR À ALBERT CAMUS

Paris 26-1-50

Bien cher Albert,

Votre lettre a été bienvenue. Rien ne peut « me faire plaisir » et me rassurer davantage que d'être convaincu que *vous vous soignez* et que ce beau pays vous y aide. Je viendrai vous voir après la deuxième quinzaine de février, je dois ensuite aller à L'Isle. J'attends mon livre à la NRF pour le début du mois. Espérons, pour les projets, qu'il sera là à l'heure !

Vous me manquez bien ici. Il y a un grand vide qui tourne et que nul ne peut prendre à votre place.

Mais cela vous le savez.

Toujours quelques petites colères à piquer ici et là... À *Empédocle*... entre les pattes quotidiennes de ce monde, etc.

Cher Albert, à bientôt.

Mes amitiés vives à Francine.

Tout affectueusement à vous et fidèlement.

René Char

35. — ALBERT CAMUS À RENÉ CHAR[1]

[*Cabris*], 5 février [*1950*]

Mon cher René,

Merci de votre lettre. Peu de jours après, je recevais *Les Matinaux* que j'ai commencé de relire. Une pierre de plus, et de taille, à la maison commune. Mais je vous écris pour vous dire que j'ai l'intention de vous dédier mon livre d'articles, bilan de 44 à 48[2], où j'aurais aimé vous associer. Mais je voudrais que vous y consentiez d'abord. Je vous enverrai les placards et vous me donnerez votre accord après lecture.

Le temps s'est gâté ici et les averses se succèdent. J'espère qu'il fera beau lorsque vous viendrez. Ai-je besoin de vous dire que vous êtes attendu comme l'enfant prodigue ?

Affectueusement à vous,

A. C.

Je cherche un titre. J'ai trouvé *Chroniques 1944-1948*. Mais c'est bien pauvre. Avez-vous une idée ?

1. Enveloppe adressée 5, rue Jules-Chaplain (Paris 6e). Vente Pierre Leroy.
2. Premier volume d'*Actuelles* (Gallimard, 1950), dédié à René Char.

36. — RENÉ CHAR À ALBERT CAMUS

Mardi [*février 1950*]

Mon cher Albert

La rue Sébastien-Bottin[1] est donc plus près de vous matériellement que la rue Jules-Chaplain !

Le premier exemplaire des *Matinaux*[2] sur papier de tête sera pour vous et envoyé par mes soins. Je n'ai encore que le justificatif ordinaire modèle Festy[3]... Si tant est qu'un livre est écrit pour quelqu'un, c'est pour vous que celui-ci l'est. (Écrit et respiré.) C'est un rare visage, affectionné et admiré, que celui que la pensée et le cœur appliquent sur la terre d'un livre. Tel est le vôtre. Ceci peut se dire, avec l'excuse de l'exorcisme !

Bien sûr, rien ne pourra me toucher davantage que la confirmation de notre communauté. *Feuillets d'Hypnos* et *Chroniques 1944-1948* se donneront ainsi la main fraternellement.

Merci d'avoir écrit cela. Merci de m'y associer.

Il me tarde de vous revoir, de m'affranchir du cataplasme qu'est Paris. Bientôt. Quelle crevaison que ce monde cultivé ! Mais l'autre grince et cliquette...

Allez-vous de mieux en mieux, au moins ? Claires amitiés à Francine.

De tout cœur à vous

René Char

Je suis allé revoir *Les Justes*[4].

1. Le siège de la NRF est au 5, rue Sébastien-Bottin, dans le 7e arrondissement.

2. En même temps que *Les Matinaux*, paraît chez GLM *Art bref* suivi de *Premières alluvions* dont René Char adresse à Camus l'exemplaire n° 3 hors commerce, avec cet envoi : « Pour Albert Camus dont l'amitié et l'œuvre forment une Présence qui éclaire et fortifie les yeux. R. Ch. »

3. Jacques Festy, alors directeur de fabrication de Gallimard.

4. Albert Camus inscrivit sur l'exemplaire de René Char des *Justes* : « À

37. — ALBERT CAMUS À RENÉ CHAR[1]

[*Cabris*] 26 février [*1950*]

Mon cher René,

On vous attendait un peu ces temps-ci, avec les Polge[2]. On vous espérait, plutôt. Mais j'ai reçu au moins *Les Matinaux*, et je vous en remercie, une fois de plus, fraternellement.

Si vous étiez venu, vous auriez pu voir les amandiers du pays se couvrir de fleurs en une seule nuit. Le printemps ici, encore fragile, vous réconcilie avec bien des choses.

J'ai beaucoup aimé votre dialogue avec Braque[3]. Je comprends votre goût et votre estime pour lui, le peintre et l'homme. Son œuvre ne cessera pas de grandir, au milieu d'un vacarme d'effondrements, parce qu'il l'a servie exclusivement et sévèrement. Ce qui n'exclut pas la joie, au contraire. Souvenez-vous de Nietzsche : « le sévère amour de soi »...

J'aurais souhaité servir ainsi la mienne, je veux dire avec cette robustesse d'artisan et cette sérénité. Mais j'ai trop donné à la vie qui passe, à la bêtise de l'Histoire, aux contradictions que je n'ai pas su éviter, aux êtres peut-être... Non, la sérénité n'est pas tout de suite. Mais des

---

René Char, le premier sur la route du soleil C[*es justes*] qui attendaient ses *Matinaux* pour être enfin justifiés, avec la fraternelle amitié d'Albert Camus. »

1. Vente Pierre Leroy.

2. Jeanne et Urbain Polge sont les amis de Char et de Camus. L'abondante correspondance de ce dernier avec ses « chers Jeanurbains » témoigne de leur proximité. Avec eux, selon Olivier Todd, Camus est en famille, et il peut se laisser aller à être lui-même, sans méfiance ni crainte. Voir Olivier Todd, *Albert Camus...*, *op. cit.*, et notamment le chapitre intitulé « Trois amis ».

3. Dans le numéro de *Derrière le miroir* de janvier-février 1950 consacré à Georges Braque, René Char publie un texte intitulé « Sous la verrière » qui emprunte la forme du dialogue entre deux personnages : le peintre et le poète. Ce texte sera repris dans *Recherche de la base et du sommet* (*O.C.*, *op. cit.*, p. 674-676).

œuvres comme celles de Braque restent des exemples. J'espère que vous êtes content des *Matinaux*, que j'ai relu, avec une sorte de confiance, je ne sais pas bien dire, d'espoir plutôt, de certitude que demain sera fait de « cela », à n'en pas douter. Travaillez, veillez sur vous surtout, dont nous avons besoin. Quelle bonne et profonde chose que de se détacher peu à peu de tout ce et tous ceux qui ne méritent rien et de reconnaître peu à peu à travers les années et les frontières une famille d'esprits. Comme on se sent beaucoup tout d'un coup à être enfin quelques-uns...

Je travaille, aveuglément, à mon *Homme révolté*. Je ne sais pas où je vais, mais j'en finirai cette année. Après quoi, la liberté d'être et d'exprimer...

À bientôt, j'espère, mon cher René. J'oubliais de vous dire que je vais bien. Francine aussi qui vous envoie toutes ses amitiés chaleureuses.

Fraternellement à vous

Albert Camus

38. — RENÉ CHAR À ALBERT CAMUS

11 mars 50

Mon cher Albert,

J'ai reçu aujourd'hui une lettre de Breton[1] et d'une dame Mme Labin[2] qui propose un rassemblement des

1. À son retour en France, en 1946, André Breton reprit contact avec René Char qui l'invita aussitôt à L'Isle-sur-la-Sorgue. En 1947, René Char adressera à Breton une longue lettre dans laquelle il refuse d'écrire un texte pour le catalogue de l'exposition surréaliste que celui-ci prépare, mais en lui disant toute son amitié. Leurs rapports « évolueront ». Voir René Char, *O.C.*, *op. cit.*, p. 660.

2. Denise Labin (1902-1999) entama une carrière de photographe en 1934. Elle photographia entre autres l'exposition surréaliste de 1938 puis celle de 1947.

intellectuels en vue d'une action antistalinienne. Je lis que votre nom ainsi que le mien et beaucoup d'autres, quelques-uns bien farfelus, sont proposés pour un Comité de Patronage (!). Je vous écris en hâte pour vous dire que je n'adhère pas à cette entreprise vouée évidemment à l'échec. Je ne crois plus, mais plus du tout à ce genre de « Front ». La force de nos ennemis n'est faite que de ces *erreurs* successives.

J'ai tenu à vous le dire afin que vous connaissiez ma position là-dessus.

J'ai été heureux des nouvelles sur vous que contenait votre dernière lettre. Une vraie joie, celle-là.

Il me tarde bien de vous revoir.

J'ai été assez ennuyé ces temps derniers, rapport santé et famille, mais les choses paraissent s'arranger.

À vous toute mon affection mon cher Albert.

René Char

Amitiés à Francine

39. — ALBERT CAMUS À RENÉ CHAR[1]

[*Cabris*] 17 mars [*1950*]

Mon cher René,

Je n'ai pas de goût pour les patronages, je savais d'avance que vous refuseriez, et je me proposais de décliner l'invitation, malgré un mot de Breton.

J'en profite pour vous dire que vous allez recevoir un exemplaire des *Justes* en Service de Presse ordinaire pour

1. Enveloppe adressée 5, rue Jules-Chaplain (Paris 6e). Vente Pierre Leroy.

vous faire patienter. Celui que je vous réserve m'attend à Paris et je pourrai vous le dédicacer à loisir.

Je suis fâché de vos ennuis mais j'espère que tout va bien. Je rentre au début d'avril et voudrais vous trouver rétabli.

Pardonnez-moi de vous ennuyer avec ce détail, mais vous me rendriez un grand service en demandant autour de vous un grand (six pièces) appartement à louer ou à vendre (pas trop cher). Cette question est devenue *vitale* pour moi. Et je dis bien « autour de vous », c'est-à-dire sans vous imposer nul effort particulier. Mon excuse à vous déranger est que les choses en sont au point que je devrai me séparer de mes enfants si nous devions vivre à nouveau rue Séguier, avec ma santé, mon travail — et leur vitalité.

Affectueusement vôtre,

Albert Camus

40. — RENÉ CHAR À ALBERT CAMUS

[*Mars 1950*]

Mon cher Albert,

L'annonce de votre venue prochaine donne à avril[1] une impatience et une joie qu'il n'avait pas. Je vous attends donc ici.

Je me suis mis en quête d'un appartement[2] pour vous. J'ai vu hier à Vanves (très proche banlieue) de très beaux

1. En avril 1950, Albert Camus quitta Cabris pour Paris. Son état de santé s'était amélioré.

2. Finalement Camus s'installera avec sa famille dans l'appartement qu'il trouvera au 29, rue Madame, en décembre 1950.

appartements neufs. Beaucoup d'air, un grand jardin public fourré d'arbres devant l'immeuble*. À vendre. Cela va de 1 million 700 mille à 2 millions 500 mille (4, 6 pièces etc.).

Francine et vous pourriez, à tout hasard, voir ça en venant. Adresse, 2, 4, 6, 8, 10, 12, 14, 16, *avenue du Parc — Vanves*. En autobus, c'est à 15 minutes de la gare Montparnasse.

Je cherche ailleurs.

Bien affectueusement

René Char

* à 300 m du Lycée Michelet

P.S. Nous parlerons ensemble au sujet d'*Empédocle*[1]. Il y a quelque chose à faire sûrement avec cette revue mal dirigée. Peut-être pourrions-nous transformer cette mare en rivière... Je vous attends.

41. — RENÉ CHAR À ALBERT CAMUS

17 avril 1950

Mon cher Albert,

J'espère que le voyage au retour ne vous aura pas affecté[2]. Ici il continue à faire froid et les hôtels l'ignorent qui ont éteint leur chauffage...

1. Cette revue *Empédocle* sera une déception aussi bien pour René Char que pour Albert Camus. Ils feront venir beaucoup de leurs amis, mais les désaccords avec Jean Vagne et Guido Meister seront de plus en plus irréconciliables et ils quitteront la revue moins d'un an après sa création.

2. Albert Camus a dû repartir pour Cabris en raison de son état de santé.

Roger Louis[1] a écrit au Comte Cloche d'Aulan. Aussitôt sa réponse je vous la transmettrai. N'allez pas autant que possible vous perdre dans ces montagnes fermées de toutes parts !

Empédocle n'est vraiment pas récupérable. Ces gens sont par trop incurablement bêtes, ce qui est beaucoup mais peu, ils sont surtout sans gêne, ils traitent par-dessus la jambe des collaborateurs précieux tel Battistini[2] dont on retourne les papiers sans aviser de leur existence le « Comité de rédaction ». On refuse un très bel essai sur la tauromachie avec cette phrase comme explication : « À *Empédocle* on ne parlera jamais de taureau !!! » Vive Ubu ! Le plus inadmissible est qu'on a mis dans l'obligation de s'en aller Dupin[3], le seul vraiment qui travailla et s'employa au bureau. Meister ou Vagne sans en aviser Dupin tripatouille son papier « Services littéraires spéciaux » et remplacent sa signature par E... etc., etc. (on n'en finirait plus dans l'énoncé des griefs).

Comme j'ai peu de goût, et vous me comprendrez, pré-

1. Roger Louis était pendant la guerre dans le Maquis du Ventoux où il connut le comte et le château d'Aulan. C'était une personnalité aussi enthousiaste qu'éclectique et un collectionneur passionné. Il sera un ami fidèle de René Char et ici un intermédiaire efficace avec le comte d'Aulan.

2. Yves Battistini avait publié aux Éditions des Cahiers d'Art, en 1948, une traduction d'Héraclite avec une préface de René Char et une gravure de Georges Braque pour les exemplaires de tête. L'année précédente, René Char avait préfacé un recueil de poèmes d'Yves Battistini, *À la droite de l'oiseau*. Voir René Char, *O.C.*, *op. cit.*, p. 720 et p. 1318.

3. Jacques Dupin rencontre René Char en 1947. Celui-ci préfacera un des recueils de Dupin, *Cendrier de voyage*, publié en 1950 avec une eau-forte de Giacometti pour les exemplaires de tête. En même temps qu'il accomplit une grande œuvre poétique, Jacques Dupin aura un rôle important aux Éditions Maeght. En 1950, à vingt-trois ans, il participe à la revue *Empédocle* comme secrétaire de rédaction. Char lui prodigue des conseils avisés : « Ne fais pas la forte tête pour commencer et ne parle pas en homme trop sûr de toi, tu emmerderais vite et tu te casserais les reins. Tu n'as pas d'ailleurs raison toujours, moi pas davantage et les copains encore moins. Pas de dictature. Une consultation, du vrai boulot, une barre ferme et le navire peu à peu se lestera et filera son cap. » Voir Laurent Greilsamer, *L'Éclair au front...*, *op. cit.*, p. 261.

sentement, pour les « observations » à longueur de journée, j'ai dit à Meister hier que je me retirais du Comité des Chandeliers. D'autre part le rôle de pion m'ennuie. C'est trop de cela qu'il s'agit.

Je m'excuse, mon cher Albert, de vous enquiquiner avec des histoires minables dont j'aurais bien voulu vous éviter la récitation. Il faut tout de même que je vous tienne au courant. Ce qui n'implique pas une mesure identique à l'égard d'*Empédocle*, de votre part.

Ah ! écrire un jour avec vous le miroir de notre temps sur un cahier bien modeste d'aspect qui paraîtrait quand vrai nous semblerait, voilà le seul projet qui plaise au cœur.

Bien affectueusement à vous

René Char

42. — RENÉ CHAR À ALBERT CAMUS

Vendredi [*avril 1950*]

Mon cher Albert,

Un mot en hâte.

Le Comte d'Aulan louerait son château à Aulan *à partir du 10 août* pour vous seul et pour le temps que vous voudriez. (C'est à dix kilomètres de Sault à côté de Montbrun-les-Bains.) Là vous auriez la belle paix.

Si cela vous intéressait je peux lui faire répondre par Roger Louis qui le lui a demandé qu'en principe et après connaissance des conditions de location vous pourriez lui donner réponse. Je ne pense pas que ce soit plus cher que Palerme[1].

1. Le domaine de Palerme, à L'Isle-sur-la-Sorgue, que Camus loua à plusieurs reprises.

Un mot je vous prie qui me dise si ce projet a votre agrément.

Affectueusement vôtre

René Char

Ci-inclus une photo d'Aulan (extraite du film[1]). Il y a l'eau et l'électricité au château. Confortable.

La propriété du comte d'Aulan, près de Sault, dans le Vaucluse.

43. — RENÉ CHAR À ALBERT CAMUS

Mercredi [*avril 1950*]

Mon cher Albert

Aulan vient de téléphoner à Roger Louis, en réponse à sa dernière lettre, qu'il vous louait, soit pour trois mois, soit à l'année son château meublé ; pour trois mois la loca-

1. René Char évoque ici le film *Sur les hauteurs*, dont le texte a paru primitivement dans *Art de France* en avril 1949. La même année, Yvonne Zervos en dirige le court métrage dans lequel jouera Jacques Dupin. Il fut tourné dans et autour du château d'Aulan. Voir *Trois coups sous les arbres*, dans les *Œuvres complètes* de René Char (*op. cit.*, p. 873 à 895).

tion serait de 30 000 francs par mois (trente mille francs). Louis a répondu que c'était trop cher. Aulan[1] a conclu : « Que M. Camus me fasse une contre-proposition et nous nous entendrons. » Je pense que, si vous ne devez pas trouver le prix trop excessif, il faut offrir 20 000 francs par mois : 60 000 francs pour 3 mois.

Le Domaine en vaut la peine.

Voyez, mon cher Albert. Le plus simple, si vous vous décidez est d'écrire au gentilhomme : 5 cours Pourtoulès — Orange.

Bien affectueusement,

René Char

44. — ALBERT CAMUS À RENÉ CHAR[2]

[*Cabris*] 24 avril [*1950*]

Je vous remercie de vos deux lettres. Pour Sault, cela ne fait rien. J'ai trouvé ici une maison pas trop désagréable que j'ai louée jusqu'en juillet. Cela nous donne le temps d'aviser. Pour le moment, je suis à l'hôtel dans la solitude absolue, n'ayant ouvert la bouche depuis une semaine que pour les besoins du service, et cloîtré par surcroît, la pluie sévissant depuis huit jours sans discontinuer. Francine ne

1. Dans une lettre du 2 septembre 1956, Albert Camus répondait à Jean Grenier qui lui parlait de sa découverte du château d'Aulan : « Aulan ? J'ai rêvé d'y habiter et puis, l'ayant mesuré de l'œil, j'ai pensé que vous auriez beau jeu d'accuser ma "castillanerie". » Voir Albert Camus et Jean Grenier, *Correspondance 1932-1960*, *op. cit.*, p. 209.

2. Enveloppe datée du 24 avril 1950, adressée à l'hôtel Lutèce (5, rue Jules-Chaplain — Paris 6e). Vente Pierre Leroy.

me rejoignant pas avant la fin mai, cette situation risque de durer, exception faite, j'espère, pour la pluic.

Empédocle devient drôle. C'est bien la première fois que ça lui arrive[1]. Et puis je ne puis admettre la bannissement des taureaux, étant membre du Club Taurin de Paris. C'est avec vous que je me suis embarqué dans cette galère. Comment voulez-vous que j'y reste maintenant. Je m'ennuierais avec Vagne et Meister. Dites-leur donc d'en finir. C'est très bien d'avoir atteint le numéro dix. Et tout le monde pourra ainsi se reposer.

Remerciez Fischer pour moi — et aussi Roger Louis. Et soyez remercié aussi pour votre affectueuse diligence. Quand la pluie cessera, je vous écrirai une lettre plus lumineuse. Mais d'ici là ne doutez pas de ma fidèle affection.

Albert Camus

Cabris (Alpes-maritimes).

45. — ALBERT CAMUS À RENÉ CHAR[2]

[*30 mai 1950*]

Amitiés !!

A. Camus
U. Polge
Jeanne Polge
M. Sauvy[3]

1. Le sommaire du n° 9 d'*Empédocle* de mars-avril 1950 est le suivant : Francis Ponge (« La Terre ») ; Bernard Groethuysen (« L'Homme mythique ») ; Georges Heinen (« La Déviation ») ; Jean Paris (« Le Dynaste ») ; Jacques Charpier (« Note sur Paul Klee ») ; D.H. Lawrence (« Crépuscule sur l'Italie »).

2. Carte postale, « Saint-Rémy-de-Provence. Intérieur du Cloître de Saint-Paul de Mosole », datée du 30 [*mai*] 1950, adressée 5, rue Jules-Chaplain (Paris 6e). Vente Pierre Leroy.

3. Magali Sauvy, épouse d'André Sauvy, médecin grassois ami des Polge, qui

46. — RENÉ CHAR À ALBERT CAMUS

[*Paris*] Samedi [*avril-mai 1950*]

Mon cher Albert,

Je me réjouis de votre venue à Saint-Rémy et à Lagnes. Cela prouve qu'il y a du champ pour vous loin de Cabris. Paris par contre devient de plus en plus une clinique où tout a le même goût et le même parfum. J'ai reçu deux réponses, l'une des Basses-Alpes, l'autre de Montbrun à votre sujet.

À Montbrun, deux pièces sans confort. J'ai prié Luc de laisser tomber. À Forcalquier, il y a une maison (mal meublée mais on peut remédier à cet inconvénient) mais je crains que l'altitude soit trop basse (550 m). Avez-vous pris une décision pour après juillet ? Je m'excuse mais j'aimerais que vous n'ayez plus ce souci.

Les niais d'*Empédocle* prétendent une erreur de l'imprimeur qui a laissé au verso de la couverture du 10[1] encore nos noms ! C'est insupportable la sottise madrée de ce pauvre Vagne, abusif toutefois. J'ai confirmé avec humeur notre retrait.

Quand paraît *Actuelles*[2] ? Il me tarde bien.

Affections

René Char

P.S. Je vous fais envoyer par Marguerite de Bassiano *Botteghe oscure*[3] à Cabris.

---

soigna Camus lors de son séjour à Cabris. Une cinquième signature apparaît au pied de cette lettre, qui pourrait être celle d'André Sauvy.

1. Le n° 10 de la revue *Empédocle* est celui de mai 1950.

2. Il s'agit bien sûr d'*Actuelles*, I, qui paraît au mois de juin chez Gallimard. Le livre est dédié à René Char.

3. Le numéro 5 de *Botteghe oscure* contient « Recherche de la base et du som-

47. — RENÉ CHAR À ALBERT CAMUS

[*Mai 1950*]

Cher Albert,

Êtes-vous libre un jour de la semaine prochaine, afin de vous voir ? On peut déjeuner ou dîner ensemble, si pas trop pris ? Je vais aller à L'Isle à la fin du mois.

Ci-inclus livre et une lettre de Ballard[1]. Le Dr Tabakov (le torturé Bulgare) serait tellement heureux de vous rencontrer quelques instants (pour un peu de chaleur humaine) que je me suis permis de lui dire de téléphoner chez Gallimard, à cette fin. Ai-je mal fait ?

Pardonnez-moi, mais comment résister à ce genre de demande venant de la part d'êtres si maudits ? Vous êtes un phare pour eux.

Fraternellement

R. C.

---

met », « La Lune d'Hypnos » et « L'Adolescent souffleté ». Voir René Char, *O.C.*, *op. cit.*, p. 1389. C'est en 1948 que René Char collabore pour la première fois à la revue de Marguerite Caetani, princesse de Bassiano (1880-1963). Il en sera le directeur pour la partie française jusqu'en 1960. Marguerite Caetani avait jadis, avant guerre, la revue *Commerce* qu'elle avait confiée à Paul Valéry.

1. Il s'agit sans doute d'une lettre dans laquelle Jean Ballard, directeur des *Cahiers du Sud*, sollicite un texte d'Albert Camus pour sa revue. Camus y avait publié « L'Exil d'Hélène » en 1948. Dans une lettre non datée, publiée dans la correspondance entre René Char et Jean Ballard, René Char écrit : « Merci de votre lettre. Je suis heureux que les 4 fascinants vous plaisent. / Un long mot d'Albert Camus m'arrive à l'instant (Camus toujours malade et triste, hélas !). J'en détache pour vous ce passage : / "... J'ai comme vous beaucoup d'amitié pour Ballard. Comme je n'ai pas fini l'essai (et depuis 3 semaines, je n'ai pas écrit *une ligne*), je répugne à en couper une jambe ou un doigt. Mais si je sors de là et que j'en finisse, et j'en sortirai et le finirai, je lui donnerai un chapitre." » René Char et Jean Ballard, *Correspondance*, Rougerie, 1993. *Les Cahiers du Sud* publieront en 1951 « Lautréamont et la banalité » d'Albert Camus dans le n° 307. Les *Quatre fascinants* ont paru dans le n° 300 des *Cahiers du Sud* du premier semestre 1950.

48. — RENÉ CHAR À ALBERT CAMUS

Mercredi [*mai 1950*]

Cher Albert

Voici la notice que je viens de faire taper. Elle est complète. Y compris l'adresse actuelle du Dr Tabakov. Si vous pouvez lui faire d'abord obtenir la carte de travail, cela me sera plus facile de lui trouver un poste de médecin. J'ai alerté divers docteurs, qui vont s'occuper de cet homme sympathique. Merci, si vous pouvez, à votre habitude, donner un coup d'épaule.

Très affectueusement

[*René Char*]

49. — RENÉ CHAR À ALBERT CAMUS

Paris, lundi [*mai 1950*]

Mon cher Albert

Il faut tout de même que je m'explique au sujet d'une demande de texte que vous a adressée Ballard pour les *Cahiers du Sud*. J'avais rencontré celui-ci chez un ami commun et nous avions longuement causé de vous et de votre œuvre. J'ai dit à Ballard que vous travaillez à votre *Essai sur la Révolte* et que ce livre d'une importance extrême arrivait à son heure. Ballard m'a prié d'être son interprète auprès de vous. Il désirait fortement publier de vos lignes dans sa revue. Je lui ai indiqué que je ne voulais pas vous importuner moi et qu'il lui appartenait « de le faire » lui ! En vérité Ballard a allégé sa revue d'une petite équipe crypto-communarde qui jusqu'ici l'hypothéquait. Il avait besoin d'être encouragé et aidé. Il a maintenant auprès de lui un garçon très bien du nom de René Ménard[1] que je connais et qui vous admire beaucoup. Je crois que la revue y gagnera.

Je m'excuse de cette longue explication, mais je tenais par-dessus tout à ce que vous ne pensiez pas que j'abuse de votre amitié.

Affection

R. C.

50. — ALBERT CAMUS À RENÉ CHAR[2]

[*Cabris*] 14 mai [*1950*]

Mon cher René,

Vous n'aviez pas besoin de rien m'expliquer pour Ballard. Comme je n'ai pas fini l'essai (et depuis trois semaines, je n'ai pas écrit *une ligne*), je répugne à en couper une jambe ou un doigt. Mais si je sors de là et que j'en finisse, je lui donnerai un chapitre.

Chose plus précieuse pour moi, votre acceptation de la dédicace des *Actuelles.* J'avais besoin, je crois, que vous soyez à côté de moi en ceci. C'est un peu de lumière dans une année qui est terrible pour moi, à tous les égards.

Je vous écrirai plus longuement quand je me sentirai plus ferme. Mais je voulais vous remercier et vous serrer la main très affectueusement

Albert Camus

1. René Ménard (1908-1980) rencontre René Char en 1950. Il admire l'œuvre et l'homme. Il publiera en décembre 1959 *La Condition poétique*, chez Gallimard, dans la collection « Espoir ». Sur la relation de Char et Ménard, voir Jean Pénard, *Rencontres avec René Char*, Corti, 1991.

2. Enveloppe adressée à l'hôtel Lutèce (5, rue Jules-Chaplain — Paris 6e). Vente Pierre Leroy.

51. — ALBERT CAMUS À RENÉ CHAR[1]

[*Cabris*] 7 juin [*1950*]

Mon cher René,

Je serai à Paris 48 heures vers le 20 juin[2]. J'essaierai de vous voir alors, mais ce sera bien court. Je ferai un séjour plus long vers le 15 juillet. Y serez-vous ? Ensuite, je n'ai rien décidé. Peut-être les Alpes italiennes, si je n'ai pas trouvé mieux.

Empédocle[3] est de plus en plus mauvais. Nous sommes très bien venus d'en partir. Mais j'ai trouvé admirable votre texte de *Bouteille obscure*[4]. Merci de me l'avoir envoyé. Je le relis encore. Et le poème sur le taureau[5] me tient compagnie, épinglé à la tête de mon lit, depuis un mois.

À bientôt peut-être. Toute l'affection de votre ami

Albert Camus

1. Ancienne collection Pierre Leroy. Enveloppe datée du 7 juin 1950, adressée 5, rue Jules-Chaplain (Paris 14e).
2. Albert Camus fit un rapide voyage à Paris pour la sortie d'*Actuelles*.
3. Le n° 10 d'*Empédocle* de mai 1950 avait à son sommaire : Louis Guilloux (« Brouillon d'une lettre ») ; Boris de Schloezer (« Un nouveau langage musical ? ») ; Georges Schehadé (« Poésies ») ; Max-Pol Fouchet (« Gérard de Nerval ») ; Madeleine Bourdouxhe (« L'aube est déjà grise ») ; Herman Melville (« Le Violoniste »).
4. *Botteghe oscure*.
5. « Le Taureau » est l'un des *Quatre fascinants* que Char publiera une première fois dans *Les Cahiers du Sud*, puis dans une édition à tirage limité avec une gravure de Pierre Charbonnier. René Char offrira le manuscrit de ces *Quatre fascinants* en réponse à cette lettre de Camus, avec cette dédicace : « Mon cher Albert, voici le "programme" en entier. Bien impatient de vous revoir. Tâchez tout de même de me garder quelques minutes en venant à Paris, durant une heure creuse. On n'est pas tellement heureux ici ! Et on ne s'est pas choisi tellement de frères comme vous. Affectueusement. R.C. » « Quatre fascinants. La Minutieuse » sera intégré dans *La Paroi et la Prairie* paru chez G.L.M en 1952, puis sera repris dans *La Parole en archipel* (*O.C.*, *op. cit.*, p. 353).

52. — RENÉ CHAR À ALBERT CAMUS

[*Juin 1950*]

Mon cher Albert,

On dit quelquefois qu'une chambre d'hôtel désensibilise les livres qu'on a l'imprudence d'y faire habiter. Nulle crainte quand ces livres sont des PRÉSENCES LIBÉRANTES, des soutiens, des meilleurs que soi-même. Ainsi *Actuelles* et *Le Minotaure*[1] beaux comme neige et chauds comme soleil premier.

MERCI, cher Albert

De tout cœur, votre

René Char

1. « Le Minotaure ou la halte d'Oran » est publié pour la première fois dans la revue *L'Arche* en 1946, puis avec quelques corrections aux Éditions Charlot en mai 1950. Albert Camus inscrit la dédicace suivante sur l'exemplaire de René Char : « Pour vous, cher René, ces histoires de soleil, pour conjurer les ombres du temps, fraternellement, Albert Camus. » *Actuelles* paraît aux Éditions Gallimard en juin 1950. Sur l'exemplaire D des exemplaires sur vélin pur fil, Albert Camus inscrit en dédicace : « [À René Char], frère de route, ce livre de bord d'un commun voyage vers le temps des hommes, en attendant *midi*. Affectueusement, Albert Camus. »

53. — RENÉ CHAR À ALBERT CAMUS[1]

[*Fin août 1950*]

Mon cher Albert,

On me dit que vous êtes de retour à Paris. J'espère que, malgré l'ennui des Vosges[2], vous vous êtes bien reposé.

Ne m'oubliez pas.

Je ne vous oublie pas.

À Francine, à vous de tout cœur.

René Char

1. Carte postale représentant « La maison natale du poète Ludovic Bernero », à L'Isle-sur-la-Sorgue. Camus eut peut-être l'occasion d'entendre parler de Bernero ou même de le croiser à L'Isle-sur-la-Sorgue. Celui-ci, qui était horloger de son état, fut le créateur de la Société Vauclusienne des amis de Pétrarque. Il fit imprimer des cartes de visite sur lesquelles son nom était suivi de la mention : « homme de lettres ». Il était une des figures du village, habillé d'une « grande cape de poète ». Personnage à la fois burlesque et touchant, sans doute représenta-t-il à un certain moment pour le jeune René Char tout ce qu'il fallait éviter de devenir. Il jouait un rôle qu'il prit très au sérieux mais ne partageait pas les « conceptions poétiques nouvelles » de son jeune cadet. Celui-ci le fait apparaître anonymement, en 1930, dans *Le Tombeau des secrets* en face du texte intitulé « Mauvaise nature » : « Inutile d'étendre les mains /Pour éclairer ce visage/À perte de mémoire/ Le jour suffit à sa tâche. » Dans un tel contexte, c'est un peu une carte postale en clin d'œil que Char adresse ici à Camus.

2. Albert Camus poursuivit sa convalescence dans les Vosges, au Grand-Valtin, un petit village désert, dans le confort spartiate d'un hôtel où l'électricité était coupée à 22 heures chaque soir. Il continuait de travailler à *L'Homme révolté*. Voir Herbert. R Lottman, *Albert Camus*, *op. cit.*, p. 495, et Olivier Todd, *Albert Camus...*, *op. cit.*, p. 702.

54. — ALBERT CAMUS À RENÉ CHAR[1]

[*Paris*] 19 septembre 1950

Mon cher René,

Je méditais de vous écrire, et puis vous avez été plus rapide. Mais les Vosges m'ont rendu alsacien, je pèse (au moral) une tonne. Ici il pleut, Paris a sa gueule d'acné. Je vous envie d'être au pays, le seul.

Le jeune Sénac[2] a débarqué dans la capitale tout plein

1. Enveloppe datée du 22 septembre 1950, adressée à L'Isle-sur-la-Sorgue, et portant la mention « A. Camus — Cabris — A.M. ».

2. Jean Sénac prit contact avec Albert Camus depuis le sanatorium de Rivet par une lettre datée du 16 juin 1947. Camus fut sensible au poète et au compatriote. Dans une lettre du 1er août 1950, il informe Camus qu'il vient d'obtenir une bourse littéraire du Gouvernement général d'Algérie et qu'il va venir à Paris. « Je passerai quelques jours à Lourmarin, dans le Vaucluse. J'en profiterai sans doute pour rencontrer Char à L'Isle-sur-Sorgue. J'aimerais aussi vous voir. » Jean Sénac avait aussi écrit à René Char en octobre 1953. Ils resteront en contact jusqu'à la mort de Sénac en 1973. En ce qui concerne la visite de Sénac à L'Isle-sur-la-Sorgue, il écrivit à Albert Camus le 13 septembre 1950 : « Je viens de passer avec Char une semaine magnifique. Un prince dans son domaine, d'amour et de saison. Merci Camus de m'avoir fait connaître cet homme. Il est Purificateur et Promesse, prestigieuse simplicité. Poète irrigué de sang vif, ses arbres, son eau, mettent en place la poésie... Je monte à Paris, armé, dissident et heureux. Face aux heures noires, il me reste cet îlot, l'amitié de quelques-uns, la vôtre et l'espoir d'un soleil imputrescible. Avec cela, on peut affronter le dédale. À bientôt. Sénac. » En 1951, au moment de la parution de *L'Homme révolté*, René Char écrira à Jean Sénac une lettre de L'Isle-sur-la-Sorgue, le 21 novembre 1951, que Sénac transmettra à Camus en 1956. On trouve une copie dactylographiée de cette même lettre dans le fonds Camus déposé au Centre Albert-Camus d'Aix-en-Provence : « Mon cher Ami, / Je suis heureux que vous ayez ressenti si fort l'importance de *L'Homme révolté*. Ma solidarité avec Camus à propos de son livre est, sur le fond, totale. Camus est la probité visible même. Il ne se masque pas du chant des tourterelles. Il se met à l'eau pour sauver. Aimons-le et aidons-le. La poésie ne risque rien ici. Bien au contraire. Il ne s'agit que de la hisser hors du charnier des mots et des attitudes. Il ne faut pas s'indigner si ceux qu'il touche crient, ricanent, protestent mais s'en réjouir. Même si certains détails sont discutables (c'est l'honneur d'un auteur que de risquer d'être contredit et de l'admettre), *L'Homme révolté* met le feu aux décombres, proprement, en même temps qu'il aiguise les premières pierres du rebâtiment. Amitié. R. Char. / P.S. : Même si *L'Homme révolté* soulevait des tempêtes, les vrais

de vous. Il est sur le trépied, littéralement, quand il parle de ce que vous êtes. J'en suis content mais je voudrais que dans sa naïveté il ne vous ait pas trop encombré. J'ai frémi un peu quand il m'a parlé de huit jours à L'Isle. S'il vous a amusé et plu tant mieux. Mais ne supportez rien par amitié pour moi. Je vous aime libre, tel que vous êtes.

J'attends ici un verdict qui me mènera peut-être près de vous. Mais j'aurais besoin de rester un peu à Paris, pour mon travail au moins. *Veremos.*

Le travail a avancé aux Vosges où il pleuvait deux jours sur trois. Mais j'ai encore beaucoup à faire. J'ai hâte d'en avoir fini, vous le savez. J'imagine bêtement que la vie recommencera, alors.

Quand revenez-vous ? Dites-moi vos projets pour que je ne vous manque pas de quelques jours. Je pense beaucoup à vous et Francine me demande de vous dire son amitié. À bientôt, de tout cœur

Albert Camus

Amitiés aux amis.

---

pêcheurs ont tout à y gagner. Voici que l'immobilité remue ! » Voir Jean Sénac, *Pour une terre possible...*, Marsa, 1999. Sénac utilisera certains extraits de cette correspondance dans sa participation au numéro spécial de la revue *Le Soleil noir/Positions* intitulé « La Révolte en question », de février 1952, à propos de *L'Homme révolté*, parue avant l'article de Jeanson dans *Les Temps modernes*. Les rapports entre Sénac et Camus se distendront au moment de la guerre d'Algérie pendant laquelle Jean Sénac adhérera au FLN. Voir Jean-Louis Meunier, « La Révolte et la rue », dans *En commune présence : Albert Camus et René Char*, Éditions Folle Avoine, 2003 ; et les *Carnets 1944-1974* de Louis Guilloux, Gallimard, 1982, p. 209. Sur le numéro du *Soleil noir/Positions*, voir aussi annexe III, p. 204.

55. — RENÉ CHAR À ALBERT CAMUS

L'Isle, mardi [*septembre 1950*]

Mon cher Albert,

Votre lettre était mieux qu'une lettre. Je trouve la tournure que prennent les échanges entre les êtres qui se sont reconnus et choisis vraiment comme cordes abandonnées dans un champ. Les nœuds sont à la merci du chiendent et des caprices de la température ! Je ne savais pas où vous trouver, ne serait-ce que pour vous jeter un de ces regards de compagnon taciturne, mais affectueux. Ne croyez pas que votre éloignement soit accepté légèrement. Bien sûr, loin de moi de vouloir souligner la marque des espaces et des blancs qui jalonnent toute amitié sérieuse. Enfin vous voici.

Sénac[1] ne m'a pas pesé (aussitôt qu'il eut compris qu'il était opportun de rengainer son appareil photographique...). C'est un garçon franc, sain et plein de passions comme on aime en découvrir encore dans le maquis noir que forme la jeunesse actuelle. On peut compter sûrement sur lui[2]. Il mûrira sans se gâter. Haute chance que vous vous teniez sur son chemin, le verre de contre-poison au bout de la main. Il vous adore (politesse pour politesse !).

Cher Albert, si vous venez dans le Midi, je vous prie, faites-moi signe. Je traînerai ici autant que je peux dans les plis du manteau de l'été finissant. Tout de même les éphémères sont mortes sur la Sorgue. On mange le soir, la lampe bien éclairée.

1. Voir la lettre précédente. Jean Sénac a séjourné à L'Isle-sur-la-Sorgue une semaine au début de septembre 1950.

2. René Char termine ainsi la préface aux *Poèmes* de Jean Sénac lorsqu'ils paraissent dans la collection « Espoir » en 1954 : « Le vent ami tourne dans mes doigts les pages du cahier où une écriture de jeune homme *s'établit* en poésie. » René Char, *O.C.*, *op. cit.*, p. 1322.

Je me permets de vous demander de vous soigner rudement, opiniâtrement. Ce n'est pas un simple vœu, un souhait vague. L'envie d'écrire des poèmes ne s'accomplit que dans la mesure précise où ils sont pensés et sentis à travers de très rares compagnons.

Je suis votre ami de tout cœur

René Char

Mes amitiés à Francine. Ma pensée à Jean et à Catherine.

R. C.

56. — ALBERT CAMUS À RENÉ CHAR[1]

Lundi 23 octobre 1950
(Paris)

Mon cher René,

Une bonne semaine de grippe a inauguré mon retour à Paris[2]. Il est vrai que toute la ville se mouche. J'ai cependant eu le temps de me mettre en rapport avec Mme de Bassiano[3] et de lui promettre un texte pour son prochain numéro. Elle a eu l'air de s'en réjouir, et moi, je voulais seulement vous être agréable et lui être agréable, puisque vous l'aviez distinguée. J'ai vu aussi René Ménard qui m'a paru de bonne qualité et nous nous sommes séparés en décidant de nous revoir avec vous. À part ça fuyant la mai-

1. Enveloppe datée du 24 octobre 1950, adressée à L'Isle-sur-la-Sorgue, réexpédiée à l'hôtel Lutèce (5, rue Jules-Chaplain — Paris 6e).

2. Albert Camus rentrait de Savoie où il avait séjourné pendant le mois de septembre.

3. Marguerite Caetani, princesse de Bassiano, est la créatrice de la revue *Botteghe oscure*, pour laquelle René Char s'occupait particulièrement de recueillir des textes d'auteurs français (voir aussi *supra* note 3, p. 65. Le premier à paraître fut, dans le numéro 7 d'avril 1951, « Un homme de lettres », texte d'Albert Camus sur Sade, qui préfigure le chapitre qu'il lui consacre dans *L'Homme révolté*.

son où se trouvent entassés Francine sa mère et les enfants je me suis installé dans un hôtel du Palais Royal et j'y travaille tous les jours, assez bien, devant le jardin. Vous ai-je dit que j'avais trouvé un appartement, rue Madame ? Mais je suis endetté jusqu'au cou, maintenant, ce qui me rajeunit. L'installation est prévue pour le 1er décembre, c'est-à-dire que vous participerez, je l'espère, au baptême.

Il fait jour bien sûr, et mou. J'aimerais mieux l'automne de la Sorgue. Mais je travaille et ceci sauve de tout. J'ai aussi l'impression de reprendre le dessus, physiquement au moins, et j'avais vraiment besoin de cette confiance. Encore un mois de repos cet hiver et tout ira bien.

Quand arrivez-vous ? Je vous attends désormais pour rire un peu avec vous de ce congrès-vente-foire que vous commentez si chaleureusement. De ce point de vue, Paris n'a pas changé. Il est vrai que je n'y vois personne.

Pardonnez-moi, mon cher René, ces « blancs » et ces silences dont vous parlez. Cette année a été dure, très dure pour moi, et sur tous les plans, je crois vous l'avoir dit, et je n'aime pas parler de moi, justement. Mais en tout ceci très peu de présences m'ont aidé à vivre. Il y avait la vôtre, soyez-en sûr, votre amitié et la sorte d'espoir qu'elle suppose. C'est une grande chance de vous avoir rencontré.

À bientôt n'est-ce pas. J'imagine que vous arriverez avec les poèmes de l'été et je les attends aussi.

Très affectueusement à vous

Albert Camus

Mille amitiés aux Atrides[1], je veux dire les Mathieu naturellement.

1. Dans une première version manuscrite du texte n° I de *La Postérité du soleil*, Albert Camus écrivait : « Ici vivent les Atrides, sous des boucliers d'argile tiède. L'herbe pousse entre les douces tuiles rondes. L'ennemi est le vent ; l'alliée, la pierre. » Voir Albert Camus, *O.C.*, IV [à paraître].

57. — RENÉ CHAR À ALBERT CAMUS

Mercredi [*octobre 1950*]

Cher Albert,

Il vaut mieux être admiré et aimé par des gens tels que ceux dont je vous transmets la lettre que par les insectes dont la meute creuse est en train de se déchaîner ! Cazelles[1] fut un résistant impeccable. Fonctionnaire des Finances, il est l'intégrité, la bonté, et le courage en personne. Voilà vos vrais amis. Rousseaux[2] réglera dans un prochain feuilleton l'affaire de R. Dans le feuilleton qui vous est consacré, il ne veut pas l'empoisonner avec ça. C'est compréhensible. Si vous êtes de mon avis, après la totalisation de leurs glapissements, je m'amuserai à écrire une courte conclusion de fenêtre.

À bientôt. Seul demeure...

Votre

René Char

P.S. Fixez un jour de la semaine prochaine pour le déjeuner Ménard, je le lui transmettrai.

1. GLM publicra *De terre et d'envolée* de René Cazelles, avec un avant-propos de René Char, en 1953 (*O.C.*, *op. cit.*, p. 1320).

2. André Rousseaux, chroniqueur littéraire au *Figaro* avant guerre, y reprit la même plume lors de la reparution du journal à la Libération. La critique qu'il publia à propos de *L'Étranger*, lors de sa parution en 1942, avait provoqué une vive réaction de Camus dont cependant seuls ses *Carnets* gardèrent la trace sous la forme d'une lettre « destinée à ne pas être envoyée » (*O.C.*, I, *op. cit.*, p. 952). André Rousseaux salua la parution des *Feuillets d'Hypnos*. Une amitié naquit entre les deux hommes (René Char fut le parrain de la fille d'André Rousseaux). Les relations entre Albert Camus et le critique dépassèrent le malentendu de la chronique consacrée à *L'Étranger*. Voir ci-dessous la lettre de René Char à Albert Camus du 19 octobre 1957, p. 165.

58. — RENÉ CHAR À ALBERT CAMUS

Mardi [*octobre 50*]

Cher Albert

Voici « cette » *Claire*[1]... qui ne doit pas être pour vous une seconde Marianne !

Que vous lisiez cela à haute voix me comblera de joie. Mais *surtout*, par-dessus tout, pas la moindre contrainte...

J'aurai demain des renseignements sur la Sardaigne. Je vous les communiquerai.

Très affectueusement

R. C.

P.S. J'ai répété à Ménard[2] vos paroles. Il vous aime bien, celui-là, avec désintéressement. Il comprendrait fort bien que... etc. Si vous pouvez quelque chose auprès de G[*aston*] G[*allimard*]. Ce serait justice, je crois, simple justice. « C'est l'un des nôtres », enfin.

1. *Claire, Théâtre de verdure*, paraît chez Gallimard en juin 1949. Dans un entretien, en 2005, Alain Trutat (qui réalisa pour la radio *Le Soleil des eaux* en 1948, puis *Claire* en 1951) disait, à propos d'un projet de représentation au Festival d'Avignon : « Mais ce n'est pas jouer qui était important. Il voulait que ce soit entendu. Oui, l'oralité, la parole... Il [*Char*] reste poète avant d'être dramaturge. » Cette lettre devait accompagner le texte que René Char avait revu pour la « mise en onde » par Alain Trutat qui fut diffusée en 1951. Sur l'exemplaire d'Albert Camus, René Char inscrit l'envoi suivant : « À Albert Camus, / Le meilleur parmi ceux qui remontent les rivières pour les aimer mieux, les faire resplendir et prolonger leur cours. / Très affectueusement / René Char. »

2. Voir note 1, p. 68.

1951

59. — ALBERT CAMUS À RENÉ CHAR

1er janvier 1951

Mon cher René,

Je vous ai appelé plusieurs fois. On me dit que vous êtes à la campagne et je m'en réjouis. Que ce mot vous dise seulement, à votre retour, les vœux affectueux que votre ami forme pour vous et ce qui vous est cher. Ce demi-siècle sera une aurore, non une nuit, c'est là notre foi, à vous et à moi. Salut donc à l'aurore, et aux matinaux.

Je pars entre le 15 et le 20, pour un mois, à Cabris. Téléphonez-moi car je voudrais vous voir, avant mon départ. Et croyez à ma fraternelle pensée

Albert Camus

60. — ALBERT CAMUS À RENÉ CHAR[1]

25 février [*1951*]
(Cabris)

Mon cher René,

Je ne vous oublie pas. Mais depuis un mois je suis enfoncé dans un travail ininterrompu. La totale solitude et la volonté d'en finir font que je reste dix heures par jour à ma table. J'espère avoir fini vers le 15 mars. Mais l'accou-

1. Enveloppe datée du 26 février 1951, adressée à l'hôtel Lutèce (5, rue Jules Chaplain — Paris 6e). Sur papier à en-tête de la NRF.

chement est long, difficile, et il me semble que l'enfant est bien laid[1]. Cet effort est exténuant.

Le résultat : je n'ai ni une goutte d'énergie supplémentaire, ni surtout assez de fraîcheur pour le texte de ces photos[2]. Je les regarde et je profite d'elles. En même temps, je me fais scrupule de retarder ainsi votre projet. Peut-être pourrions-nous procéder à l'inverse. Vous commenceriez. À ma délivrance, j'essaierai de m'y mettre. Mais avez-vous les doubles de ces photos ?

J'ai lu rapidement avant mon départ, pour le laisser à F[*rancine*] qui me le demandait, le livre de Berger[3]. C'est bien qu'il ait été fait, le choix des poèmes est efficace. Je regrette peut-être que Berger vous ait parfois paraphrasé, dans sa prose, au lieu de conduire le lecteur pas à pas. Il s'agissait de vous traduire en langage critique, non de vous répéter. Après tout, la poésie c'est vous. La prophétie, c'est vous.

Je le comprends d'ailleurs. Certaines œuvres, si on sait les aimer, il est impossible de s'en défendre, d'inventer pour elles un nouveau langage. Elles ne sont grandes que

1. Albert Camus travaille à la rédaction de *L'Homme révolté*. Voir Herbert R. Lottman, *Albert Camus*, *op. cit.*, p. 487 et suiv.

2. Le projet de ce qui allait devenir *La Postérité du soleil* était lancé. La jeune photographe Henriette Grindat avait rendu visite à René Char à L'Isle-sur-la-Sorgue à l'automne 1950. Celui-ci lui avait demandé de faire des photographies qu'il avait montrées à Camus. Le désir de faire un livre ensemble les avait réunis. (Voir « Naissance et jour levant d'une amitié », dans René Char, *O.C.*, *op. cit.*, p. 1308 et *infra*, p. 218.) Certaines photographies paraîtront déjà dans le livre de Pierre Berger sur René Char dont il est question plus loin.

3. Les Éditions Seghers publient en janvier 1951, dans leur collection « Poètes d'aujourd'hui », une monographie de Pierre Berger sur René Char. Elle est illustrée de reproductions de manuscrits, d'un dessin de Matisse et d'une enveloppe peinte par Picasso, ainsi que de photographies d'Henriette Grindat de L'Isle-sur-la-Sorgue. René Char apparaît aussi, photographié avec ses proches dont Louis et Francis Curel. C'est aussi dans ce livre qu'est publiée pour la première fois l'une des deux photographies de René Char avec Albert Camus qui fut prise au domaine de Palerme à L'Isle-sur-la-Sorgue. En 1961 paraîtra, sous le même titre et dans la même collection, un essai de Pierre Guerre.

parce qu'elles ont créé leur propre langage et démontrent par là qu'elles ne pourraient être, ni parler, autrement. Au reste, Berger a réussi l'essentiel, faire comprendre la signification présente, et décisive, de votre œuvre.

J'espère que vous n'avez pas de mauvaises nouvelles de votre mère[1]. Si vous veniez dans le midi, un signe au moins et, ce qui serait mieux, votre arrivée ici. Sinon, j'espère rentrer vers le 15, content d'en avoir fini, au moins.

À bientôt donc — et d'ici là je vous serre la main, très affectueusement.

Albert Camus

CABRIS
(A.M.)

Pardonnez mon écriture. Des insomnies répétées me fatiguent.

61. — ALBERT CAMUS À RENÉ CHAR[2]

[*Cabris*] 11 mars 1951

Mon cher René,

Contrairement à ce que je vous disais, j'ai pu, ayant terminé mon travail un peu plus tôt[3] que je ne pensais,

1. Pendant l'hiver de cette année, la mère de René Char commence à souffrir du mal qui va l'emporter à la fin juin. René Char passera beaucoup de temps auprès d'elle.

2. Enveloppe datée du 12 mars 1951, adressée à M. René Char (5, rue Jules-Chaplain — Paris 6ᵉ).

3. Albert Camus termine la première rédaction de *L'Homme révolté* le 7 mars 1951. Il écrit : « Terminé la première rédaction de *L'Homme révolté*. Avec ce livre s'achèvent les deux premiers cycles. 37 ans. Et maintenant, la création peut-elle être libre ? / Tout accomplissement est une servitude. Il oblige à un accomplissement plus haut. » Voir Albert Camus, *Carnets*, II, Gallimard, 1964, p. 345.

m'occuper des photographies[1]. Je rentre donc, dans une semaine à peu près, avec des projets de textes sur lesquels nous pourrons discuter.

Votre lettre m'a fait plaisir, sauf pour les mauvaises nouvelles de L'Isle. Mais je ne veux pas y répondre vraiment. Ce mot était pour vous avertir de mon retour, et vous dire ma fraternelle affection.

A. C.

62. — ALBERT CAMUS À RENÉ CHAR[2]

[*Paris*] 1er mai [*1951*]

Mon cher René,

Ce mot est pour vous remercier d'abord de vos belles éditions[3] et de votre amitié. Après deux nouvelles lectures je puis vous dire avec certitude qu'*À une sérénité crispée*[4] est avec les *Feuillets* [d'Hypnos] votre témoignage capital, bien à l'avant de tout ce qui s'écrit aujourd'hui. Ce texte retentit en tout cas, en moi comme une voix plus vraie que la mienne. Je n'ai pas de peine à parler ce langage, à la fois si vaste et si juste, mais j'aurais eu de la peine à le trou-

1. Camus travaille alors sur *La Postérité du soleil* dont il datera le manuscrit de 1952.

2. Enveloppe datée du 5 mai 1951, adressée à l'hôtel Lutèce (5, rue Jules-Chaplain — Paris 6e). Sur papier à en-tête de la NRF.

3. René Char avait sans doute envoyé à Albert Camus un exemplaire des *Quatre fascinants. La Minutieuse*, illustré d'une gravure de Pierre Charbonnier, paru fin mars.

4. *À une sérénité crispée* paraît en avril chez Gallimard, avec trois vignettes de Louis Fernandez. Dans le chapitre qui clôt *L'Homme révolté*, intitulé « Au-delà du nihilisme », Albert Camus cite René Char et ajoute : « [...] ceux-là font avancer l'histoire qui savent, au moment voulu, se révolter contre elle aussi. Cela suppose une interminable tension et la sérénité crispée dont parle le même poète ».

ver. Admirer a été une de mes grandes joies que, devenu homme, je n'espérais plus jusqu'à notre rencontre. Veillez sur vous, mon cher René.

J'espère aussi que ce mot vous accueillera à votre retour, que j'imagine proche. Un signe de vous, et nous organiserons une soirée par exemple.

De tout cœur

Albert Camus

63. — RENÉ CHAR À ALBERT CAMUS

Dimanche [*mai 1951*]

Mon cher Albert

J'ai trouvé votre lettre du 5 mai qui m'attendait à mon hôtel — en revenant de L'Isle et des Hautes-Alpes. Votre approbation, votre affection font que la grimace et le hoquet des hommes sont moins hostiles, font surtout qu'on distingue dans le visage du soleil une clarté qui, tout en étant celle de tous, a une vertu balsamique qui ne se gaspille pas en vain car elle n'est accueillie que par quelques-uns, ceux-là même qui la versent au compte scrupuleux de l'espérance de demain. Merci d'être un de ces essentiels.

Cher Albert, si vous le permettez, je vous téléphone afin que nous nous rencontrions.

À vous de tout cœur et toujours votre

René Char

64. — RENÉ CHAR À ALBERT CAMUS

L'Isle sur Sorgue, 11 juin 51

Mon cher Albert,

Je me suis mis avec joie ici, malgré une tête en tronc de saule, à notre travail en commun[1]. Je vous en communiquerai les premières herbes bientôt. Votre part est très belle. Je vais essayer de ne pas trop vous décevoir...

Que n'êtes-vous sur les chemins qui courent dans la campagne provençale... Cher Albert, vous me manquez. Et puis il y a l'*Essai sur La Révolte* que je suis si avide de connaître en son entier, cette fois. Je ne crois pas revenir à Paris avant l'issue[2], hélas, que nous attendons et dont l'instant se précise de plus en plus, du côté de la pauvre malade maman.

Mes amitiés à Francine, je vous prie.

De tout cœur à vous, mon cher Albert

René Char

65. — ALBERT CAMUS À RENÉ CHAR[3]

[*Paris*] 26 juin [*1951*]

Mon cher René,

Vous vous faites espérer à peu près autant que l'été. La pluie n'en finit plus ici, et je rêve du pays. Mais je sais aussi que vous devez être occupé par tout autre chose. Donnez-

1. Il s'agit ici du travail de *La Postérité du soleil*.
2. René Char est auprès de sa mère qu'il veille dans son agonie.
3. Enveloppe datée du 27 juin 1951, adressée à l'Isle-sur-la-Sorgue.

moi des nouvelles de votre mère, si votre absence doit encore durer.

Pour moi, je travaille encore à refaire certaines parties de mon livre. Mais ce sera bientôt fini. Finalement ce n'est pas sans angoisse que je m'en séparerai. J'aurais voulu être à la fois vrai et utile. Mais cela suppose une générosité de tous les instants. Je me suis senti bien solitaire pendant tout le temps de ce travail, et il m'est arrivé de souhaiter votre présence. J'espère seulement avoir votre accord, vous savez le prix que j'y attache.

F[*rancine*] part dans quelques jours. Mais je reste à Paris jusqu'au 25 juillet[1], et je vous y attends tous les jours.

Très affectueusement à vous.

A. C.

66. — RENÉ CHAR À ALBERT CAMUS

L'Isle 3 juillet 1951

Mon cher Albert,

Je vous remercie de votre télégramme, auquel s'est jointe affectueusement Francine. Les heures qui précèdent un deuil de lien sont déchiquetantes. La souffrance, la lutte perdue d'avance pèse terriblement sur l'esprit et sur le cœur. Ma mère[2] nc n'est livrée qu'épuisée à la mort, malgré son âge et sa faiblesse. *Cela* m'a touché.

1. Albert Camus part ensuite en Dordogne, puis rejoindra sa famille pour passer le mois d'août au Panelier.

2. René Char veilla sa mère jusqu'à sa mort. Elle ne l'avait jamais compris et avait méprisé même sa poésie. Lui qui l'avait accablée, reniée, restait auprès d'elle et sans doute se quittèrent-ils réconciliés, comme pourrait en témoigner une lettre de René Char à Jean Mambrino, citée par Laurent Greilsamer dans sa biographie de René Char : « J'avais pris grande distance, depuis mon jeune âge, de l'affection de fils à mère, avec toutes les réserves et les rancunes que soulèvent

Cher Albert, je reviens à Paris au début de la semaine prochaine.

Je vous téléphonerai aussitôt car j'ai grande impatience de vous revoir. Je regretterai que Francine et vos enfants ne soient pas là, mais la pensée de les savoir à la campagne...

Je pense souvent, très souvent à vous, à l'ami, au frère, au guide que vous êtes pour moi et cette affection fait que la Vie s'entend en son essentiel remerciée.

Votre

René Char

67. — RENÉ CHAR À ALBERT CAMUS

Lundi 16 juillet 51

Mon cher Albert,

Après avoir lu et relu votre *Homme révolté*[1] j'ai cherché qui et *quelle œuvre* de cet ordre — le plus essentiel — avait

---

les incompris [...]. Devant son regard, les heures tournent toutes noires, avant le complet naufrage de l'horloge. Je suis témoin et partie de cet almanach terrible, avec une solidarité de nouveau-né ! » René Char fera imprimer un faire-part de décès personnel : « René Char a la douleur de vous faire part du décès de sa mère, Mme Veuve Émile Char. L'Isle-sur-Sorgue, le 27 juin 1951. » Laurent Greilsamer, *L'Éclair au front...*, *op. cit.*, p. 274.

1. Albert Camus avait offert la dactylographie de *L'Homme révolté* avec cette dédicace datée du 12 juillet 1951 : « Mon cher René, / Voici l'objet de tant de peines. Je m'aperçois que ce manuscrit est très raturé. J'ai donné le meilleur à l'imprimerie. Mais je sais que vous vous y reconnaîtrez. Puisse-t-il être digne de ce qu'ensemble nous pensons. C'est avec une joie profonde, en tout cas, que je vous le confie (malgré mon anxiété bien sûr). J'ai retiré beaucoup de notre conversation d'hier ou plutôt vous m'avez tiré de quelques-uns des doutes où j'étais après ce long travail aveugle. Une pierre blanche de plus sur le beau et étroit chemin de notre amitié. / Très affectueusement à vous. » Sur la page suivante : « Première version. / À vous, cher René, le premier état de ce livre dont je voulais qu'il soit LE NÔTRE et qui, sans vous, n'aurait jamais pu être un livre d'espoir. Fraternellement. 1951. »

pouvoir d'approcher de vous et d'elle en ce temps ? Personne et aucune œuvre. C'est avec un enthousiasme réfléchi que je vous dis cela. Ce n'est certes pas dans le carré blanc d'une lettre que le volume, les lignes et l'extraordinaire profonde surface de votre livre peuvent être résumés et proposés à autrui. D'abord j'ai admiré à quelle hauteur familière (qui ne vous met pas hors d'atteinte, et en vous faisant solidaire, vous expose à tous les coups) vous vous êtes placé pour dévider votre fil de foudre et de bon sens. Quel généreux courage ! Quelle puissante et irréfutable intelligence tout au long ! (Ah ! cher Albert, cette lecture m'a rajeuni, rafraîchi, raffermi, étendu. Merci.) Votre livre marque l'entrée dans le combat, dans le grand combat intérieur et externe aussi des vrais, des seuls arguments — actions valables pour le bienfait de l'homme, de *sa conservation en risque et en mouvement*. Vous n'êtes jamais naïf, vous pesez avec un scrupule. Cette montagne que vous élevez, édifiez tout à coup, refuge et arsenal à la fois, support et tremplin d'action et de pensée, nous serons nombreux, croyez-le, sans possessif exagéré, à en faire *notre montagne*. Nous ne dirons plus « il faut bien vivre puisque » mais « cela vaut la peine de vivre parce que... ». Vous avez gagné la bataille principale, celle que les guerriers ne gagnent jamais. Comme c'est magnifique de s'enfoncer dans la vérité. Je vous embrasse.

René Char

P.S. Dans la citation que vous faites de moi page 427, une erreur de frappe a fait écrire « ... les deux cordes de mon arc ». Il faut lire « ... les deux extrémités de mon arc ».

P.S nigaud — Je préfère être Marc Aurèle que Sylla. Oh combien ! Et Lao-Tseu que Marx... Et Camus que Robespierre.

68. — ALBERT CAMUS À RENÉ CHAR[1]

[*Paris*] 20 juillet [*1951*]

Mon cher René,

Votre hôtel ne répond pas aux appels téléphoniques. Mais je voulais seulement vous remercier de votre lettre, vous dire qu'elle justifie pour moi, et enfin, des années de travail, et vous laisser mesurer ainsi la gratitude avec laquelle je l'ai accueillie. Il faut attendre maintenant. Mais l'attente est facile, dans l'amitié.

Je quitte Paris jeudi prochain, 26 juillet. Si vous pouvez déjeuner avec moi mardi 24, j'en serais content. Si je n'ai pas reçu de contrordre, convenons que je passerai au Lutèce mardi à 12 h 30. Sinon, soyez sûr de ma fidèle et affectueuse pensée. Et merci, vraiment.

A. C.

Je rentrerai au début de septembre.

69. — RENÉ CHAR À ALBERT CAMUS

Briançon 13 octobre 51

René Char chez M. Grillet Sous-préfet BRIANÇON Hautes-Alpes.

Mon cher Albert,

Mon impatience de re-lire votre *Homme révolté* est si grande que je vous prie, dès le livre paru, de m'en faire

1. Enveloppe datée du 20 juillet 1951, adressée à l'hôtel Lutèce (5, rue Jules-Chaplain — Paris 6e). Papier à l'en-tête du domicile de Camus : « 29, rue Madame / Paris VIe ».

adresser — par J. Bon — un exemplaire ici : la date de parution doit être très proche maintenant. Merci d'y penser. *Merci du secours.*

Je tâche de perdre à 1 300 m d'altitude de l'ankylose rhumatisante qui m'a bien ennuyé à Paris cet été ! J'y parviens presque. Mais il fait froid déjà et la montagne ne donne plus rien[1]. Dans une dizaine de jours, j'irai à L'Isle et reviendrai à Paris début novembre.

Cher Albert je voudrais vous redire combien votre *existence* me rassure et m'éclaire. C'est dans mon affection pour vous que ce sentiment passe et dans mon admiration pour votre œuvre, ma constante compagne.

Mes amitiés à Francine, je vous prie.

Pensée aux enfants.

De tout cœur à vous

René Char

70. — ALBERT CAMUS À RENÉ CHAR[2]

[*Paris*] 26 octobre 1951

Mon cher René,

Je suppose que vous avez maintenant reçu *L'Homme révolté*. La sortie en a été un peu retardée par des embarras d'imprimerie. Naturellement, je réserve pour votre retour un autre exemplaire, qui sera le bon[3]. Bien avant que le

1. René Char séjourna à de nombreuses reprises chez ses amis Ciska et André Grillet (voir *supra* note 3, p. 37).

2. Enveloppe datée du 29 octobre 1951, adressée à L'Isle-sur-la-Sorgue.

3. Sur page de faux titre du n° II des exemplaires d'auteur sur papier Madagascar, Albert Camus inscrira la dédicace suivante : « À René Char, ce livre vécu avec lui, écrit pour lui et quelques autres, en mémoire de ce qui nous unit et en hommage à sa grande œuvre, fraternellement, Albert Camus. 11 décembre 1951. »

livre soit sorti, les pages sur Lautréamont, parues dans les *Cahiers du Sud*[1], ont suscité une réaction particulièrement sotte et naïve, et qui se voulait méchante de Breton. Décidément, il n'en finira jamais avec le collège. J'ai répondu, sur un autre ton, et seulement parce que les affirmations gratuites de Breton risquaient de faire passer le livre pour ce qu'il n'était pas. Ceci pour vous tenir au courant de l'actualité bien parisienne, toujours aussi frivole et lassante, comme vous le voyez.

Je le ressens de plus en plus, malheureusement. D'avoir expulsé ce livre m'a laissé tout vide, et dans un curieux état de dépression « aérienne ». Et puis une certaine solitude... Mais ce n'est pas à vous que je peux apprendre cela. J'ai beaucoup pensé à notre dernière conversation, à vous, à mon désir de vous aider. Mais il y a en vous de quoi soulever le monde. Simplement vous recherchez, nous recherchons le point d'appui. Vous savez du moins que vous n'êtes pas seul dans cette recherche. Ce que vous savez peut-être mal c'est à quel point vous êtes un besoin pour ceux qui vous aiment et, qui sans vous, ne vaudraient plus grand-chose. Je parle d'abord pour moi qui ne me suis jamais résigné à voir la vie perdre de son sens, et de son

1. Dans le n° 307 des *Cahiers du Sud* paraît un extrait de *L'Homme révolté* sous le titre de « Lautréamont et la banalité ». Camus conclut : « Lautréamont, salué ordinairement comme le chantre de la révolte pure, annonce au contraire le goût de l'asservissement intellectuel qui s'épanouit dans notre monde. » La publication de ce texte provoque la réaction outragée de Breton qui publie dans le n° 328 de la revue *Arts* un article violent contre Camus. Voir André Breton, *Œuvres complètes*, Gallimard, 1999, « Bibliothèque de la Pléiade », III, p. 911 à 913. Rappelons que Lautréamont a été redécouvert par les surréalistes, Breton en tête, qui ont considéré son œuvre comme « prophétique ». À l'époque où il était parmi les surréalistes, René Char participa, en 1930, au saccage du bar qu'un imprudent propriétaire avait baptisé « Maldoror ». À la suite de l'article de Breton, Camus répond dans une lettre adressée au rédacteur en chef d'*Arts* qui la fait paraître dans son numéro du 19 octobre 1951. Elle est reproduite dans *Actuelles* II, sous le titre « Révolte et conformisme ». André Breton poursuivra la polémique dans un entretien avec Aimé Patri en novembre. Voir la lettre de René Char du 21 novembre 1951 et la réponse de Camus le 29 du même mois.

sang. À vrai dire, c'est le seul visage que j'aie jamais connu à la souffrance. On parle de la douleur de vivre. Mais ce n'est pas vrai, c'est la douleur de ne pas vivre qu'il faut dire. Et comment vivre dans ce monde d'ombres ? Sans vous, sans deux ou trois êtres que je respecte et chéris, une épaisseur manquerait définitivement aux choses. Peut-être ne vous ai-je pas assez dit cela, mais ce n'est pas au moment où je vous sens un peu désemparé que je veux manquer à vous le dire. Il y a si peu d'occasions d'amitié vraie aujourd'hui que les hommes en sont devenus trop pudiques, parfois. Et puis chacun estime l'autre plus fort qu'il n'est, notre force est ailleurs, dans la fidélité. C'est dire qu'elle est aussi dans nos amis et qu'elle nous manque en partie s'ils viennent à nous manquer. C'est pourquoi aussi, mon cher René, vous ne devez pas douter de vous, ni de votre œuvre incomparable : ce serait douter de nous aussi et de tout ce qui nous élève. Cette lutte qui n'en finit plus, cet équilibre harassant (et à quel point j'en sens parfois l'épuisement !) nous unissent, quelques-uns, aujourd'hui. La pire chose après tout serait de mourir seul, et plein de mépris. Et tout ce que vous êtes, ou faites, se trouve au-delà du mépris.

Revenez bien vite, en tout cas. Je vous envie l'automne de Lagnes, et la Sorgue, et la terre des Atrides. L'hiver est déjà là et le ciel de Paris a déjà sa gueule de cancer. Faites provision de soleil et partagez avec nous.

Très affectueusement à vous

A. C.

Amitiés aux Mathieu, aux Roux[1], à tous.

1. Le Dr Roux fut, en 1936, le jeune médecin qui sauva René Char de la septicémie qui faillit lui coûter la vie. Il sera pendant la guerre « Grand-Sec » des *Feuillets d'Hypnos*, un des médecins du Maquis. Albert Camus dédicacera ainsi un exemplaire de *La Peste* : « À Mme Roux et au docteur Roux, cet hommage à la médecine, pour les remercier d'avoir lutté de toute les manières contre l'épidémie de ce siècle [*La Peste*] avec la fidèle pensée d'un Vauclusien volontaire. Albert Camus. »

71. — RENÉ CHAR À ALBERT CAMUS

L'Isle, le 3 novembre 51

Mon cher Albert,

Je n'aurais pas voulu tarder à répondre à votre lettre dont *le cœur* a battu tous ces jours profondément avec le mien, mais les détestables occupations de famille et de succession[1] qui sont les miennes en ce moment, ajoutées à une absence vraiment un peu trop prolongée de santé, me laissaient, à l'instant de vous écrire, inerte, dans le contentement secret de la pensée, les bras collés au corps, et les yeux vers vous[2].

J'avais lu le coup de clairon cassant (!) de Breton dans la cour de la caserne où il est porté déserteur et je m'étais dit que les temps de foire ne rassembleraient pas le monde et les innocents de jadis. Lugubre Breton ! Je me souviens vous avoir confié qu'il n'était pas l'Homme d'un dialogue, même pas d'un échange loyal. Vous voyez ! Votre réponse était la seule à lui faire. Breton n'a pas compris et ne comprendra jamais que les ancêtres qu'il s'est choisis avaient vécu, eux, *une aventure solitaire et unique*, alors que nous, nous vivons aujourd'hui, poète, une aventure qui ne l'est plus, car nous risquons de provoquer, à chaque mot, la création d'un nouveau péché originel. La plus haute tour,

1. À la suite de la disparition de la mère de René Char, le désaccord ira croissant entre René Char et sa sœur Julia, d'une part, et son frère Albert ainsi que son autre sœur Émilienne, d'autre part. René Char et Julia tenteront de conserver la propriété familiale des Névons. Les deux autres enfants ne pourront s'entendre avec eux et cela aboutira à la vente de la maison et de son parc, aux enchères, le 26 octobre 1955.

2. Le poème « Non-résurrection » est joint à cette lettre : « Nous avons joui / Dans ton âme, / Ô vieux sommeil de la putréfaction. / Depuis, / Lune après lune, / Jour après jour, / Mort après mort, / Nous attendons. / L'Isle, novembre 1951 / R.C. »

et la plus éclairée dans cette nuit dont vous êtes la sentinelle, cher Albert, la plus haute tour de votre *Homme révolté* illumine justement cette appréhension et nous met, sans équivoque, en garde. Oui, peu d'écrivains se sentent responsables... Et pourtant ! Convenons que ce sont des enfants, pour ne pas les accabler, des collégiens plus exactement, pour reprendre votre expression à propos de Breton qui figureraient assez un Ubu-Charlot arrogant présidant aux destinées de l'invention poétique et politique de son demi-siècle avec la même compétence que ce dernier affichait dans les *Temps modernes* lorsqu'il travaillait à la chaîne !

Mais, j'insiste beaucoup sur rien... Je gaspille mon encre. Charlot est le contraire de Breton.

Je reviendrai à Paris dans le courant du mois et la perspective de vous y trouver m'est d'un grand réconfort.

Je crois que notre fraternité — sur tous les plans — va encore plus loin que nous l'envisageons et que nous l'éprouvons. De plus en plus, nous allons gêner la *frivolité* des exploiteurs, des fins diseurs de tous bords de notre époque. Tant mieux. Notre nouveau combat commence et notre raison d'exister. Du moins, j'en suis persuadé... Je le devine et je le sens. Très affectueusement à vous et très étroitement

René Char

72. — RENÉ CHAR À ALBERT CAMUS

L'Isle 21 novembre 51

Mon cher Albert[1],

C'est au milieu des eaux, mais à L'Isle presque encore gouvernables bien que le parc soit transformé en lac et le sous-sol de la villa en rizière, alors que le Comtat fume des vapeurs de catastrophe, lui, que me parvient le dialogue Patri (l'âne)-Breton (la figue) d'*Arts*[2], maigre et sournois conciliabule, vilain vraiment et tout de même d'un cuivre assez enroué ! Allons, je me réjouis, Albert, qu'ayant visé juste, vous touchiez le centre[3].

Tous les habitants du PANIER[4] s'agitent ou vont s'agiter. Vous l'aviez prévu, n'est-ce pas ?

1. Le même jour, René Char écrit à Jean Sénac une lettre sur *L'Homme révolté* qui se trouve dans le fonds Camus, Sénac l'ayant donnée à Camus en 1956. Voir note 1 de la lettre de René Char à Albert Camus datée de septembre 1950, p. 74.

2. Cet entretien Breton-Patri est le dernier acte de la polémique autour de « Lautréamont et la banalité ». Dans le numéro d'*Arts* daté du 16 novembre 1951, un entretien d'André Breton avec Aimé Patri revient sur le texte de Camus (voir André Breton, *O.C.*, III, *op. cit.*, p. 1045-1055). Celui-ci répond dans une lettre au rédacteur en chef publiée le 30 novembre 1951 (un extrait de cette lettre est publié dans *Actuelles* II sous le titre « Révolte et conformisme (suite) »). Albert Camus fera allusion encore à cette polémique avec Breton dans un entretien avec Pierre Berger publié dans *La Gazette des lettres* le 15 février 1952 et publié dans *Actuelles* II, sous le titre « Entretien sur la révolte ». Albert Camus enverra à André Breton un exemplaire de *L'Homme révolté* à sa parution avec cette dédicace : « À André Breton, à titre documentaire et malgré tout. Albert Camus. » Trois mois plus tard, le 22 février, Albert Camus, qui devait prendre la parole lors d'un meeting de la Ligue française des droits de l'homme, suggéra que la présence de Breton serait importante. Ils siégèrent côte à côte à la tribune. Breton fut bouleversé lorsqu'il apprit que son nom avait été proposé par Camus. Voir Herbert R. Lottman, *Albert Camus*, *op. cit.*, p. 506-508, et Olivier Todd, *Albert Camus...*, *op. cit.*, p. 770-771.

3. Peut-être faut-il se souvenir ici des deux dernières phrases de *L'Homme révolté* : « L'arc se tord, le bois crie. Au sommet de la plus haute tension va jaillir l'élan d'une droite flèche, du trait le plus dur et le plus libre. »

4. Allusion humoristique sans doute à ce quartier de Marseille réputé pour héberger la pègre. On se souvient que, dans sa jeunesse, René Char le fréquenta en y vendant du whisky et de la chicorée. Voir Laurent Greilsamer, *L'Éclair au front...*, *op. cit.*, p. 28-30.

Ce mot n'a pour but que de vous dire une fois encore ma solidarité sans réserve. Usez-en, je vous prie. Vous pouvez la rendre publique au cours de n'importe quelle riposte. Je la confirmerai avec joie. Nous ne marchons plus seulement avec des mots mais avec nos coudes, le temps d'agir ne nous manquera pas car *ça* ne fait que commencer. (Nous en sommes encore aux escarmouches.) De tout mon cœur affectueusement à vous.

Merci

René Char

73. — ALBERT CAMUS À RENÉ CHAR[1]

[*Alger*] 29 novembre 1951

Merci mon cher René de votre solidarité. Je la connaissais d'avance et à vrai dire elle m'a aidé dans cette période épuisante que je vis. Je suis à Alger[2], près de ma mère malade (et qui va très bien maintenant) et je suis heureux de la regarder tous les jours. Paris, la vulgarité de ses intelligences, toutes ces lâches complaisances, me donnent d'avance la nausée. Et je vais rentrer dans quelques jours. Que faire ? J'ai parfois le vertige devant l'avenir. Mais il y a l'amitié, deux ou trois êtres que j'aime... Merci encore. L'*Amitié cachetée*[3] est un beau cri scellé. Il faut avancer

1. Carte postale figurant Tipasa, avec mention manuscrite autographe de Camus sur l'horizon, au bout des ruines : « Ici, la mer. » Le même jour, Albert Camus envoie aussi une carte postale de Tipasa à Jean Grenier (Albert Camus et Jean Grenier, *Correspondance 1932-1960*, *op. cit.*, p. 182).

2. Le 19 novembre, Albert Camus doit se rendre à Alger auprès de sa mère qui s'est cassé une jambe et devait subir une opération. Il y reste quelques jours pour retrouver ses amis (Herbert R. Lottman, *Albert Camus*, *op. cit.*, p. 503).

3. *Amitié cachetée* est le premier livre que René Char fait avec Pierre-André Benoit (PAB). Il marque le début d'une longue et fructueuse collaboration qui

maintenant, en effet. Mais ce sera facile avec vous. J'espère que vous êtes tous sauvés des eaux, et sans trop de dégâts.

Amitiés à Lagnes et à l'Isle[1] et pour vous, la fraternelle affection de votre

A. C.

74. — RENÉ CHAR À ALBERT CAMUS

Le 24 décembre 1951

Chère Francine,

Cher Albert,

Nous sommes à quelques heures de minuit 24-25 décembre. On pense aux compagnons chers, aux êtres que l'on aime entre tous, avec une particulière et vraie intensité, en ce crépuscule de l'année.

Naturellement dans le miroir heureux de mon cœur, je vous serre avec bien d'émotion. Une guirlande[2] de vœux vole au-dessus de vos têtes, des têtes de Catherine et de Jean.

Tout affectueusement et du meilleur de ma pensée toujours.

René Char

---

compte une centaine de titres. *Amitié cachetée* était un texte que Char destinait à ses meilleurs amis en cadeau de nouvel an. (Voir Antoine Coron, *Le Fruit donné*, éphémérides de Pierre-André Benoit, Bibliothèque nationale de Paris, 1989, p. 22-23.) Le texte d'*Amitié cachetée* fut repris dans *La Paroi et la Prairie* sous le titre « Transir » (*O.C.*, *op. cit.*, p. 352).

1. Aux Mathieu et à la famille Roux.

2. Cette guirlande de vœux peut faire songer à la « Guirlande terrestre », première version de *Lettera amorosa* dont René Char offrit à Yvonne Zervos le manuscrit enluminé par Jean Arp (voir le catalogue de l'exposition de René Char, *Manuscrits enluminés par des peintres du* XX*e* *siècle* à la Bibliothèque nationale, en 1980, ainsi que celui de la vente Filipacchi à Drouot, en décembre 1995).

1952

75. — RENÉ CHAR À ALBERT CAMUS

Paris, mardi [*août 1952*]

Mon cher Albert,

Nous voilà édifiés ! Et sans que nous l'ayons autrement souhaité ! Sartre est désormais dans l'Histoire comme Marat dans sa baignoire[1]...

Votre lettre aux *Temps Modernes*[2] a tourné le commutateur de cette drôle [*de*] chambrée. Sur la foi des affiches on aurait plutôt cru qu'on s'y goussait, s'y enculait, et s'y fauchait son peu de fric (métaphysiquement parlant). Point

1. *Les Temps modernes* tardèrent à rendre compte de *L'Homme révolté* paru en octobre. Ils avaient publié un fragment de *L'Homme révolté*, « Nietzsche et le nihilisme », en août 1951. Après la parution du livre, il faudra attendre le numéro de mai des *Temps modernes* pour en lire la recension. C'est un article signé par Francis Jeanson qui attaque violemment Camus en ramenant *L'Homme révolté* à un grand livre manqué dont l'anticommunisme est, aux yeux de Jeanson comme de Sartre, inadmissible. L'article de Jeanson se voudra ironique en parlant d'une « pseudo-philosophie d'une pseudo-histoire des "révolutions" ». (Rappelons qu'en 1952 Sartre et le groupe des *Temps modernes* se rapprochent des communistes au point d'écrire dans *Les Temps modernes* en 1953 : « Si la classe ouvrière veut se détacher du Parti (PCF), elle ne dispose que d'un moyen : tomber en poussière. » Sartre rompra avec le Parti communiste en 1956, au moment du soulèvement de Hongrie.) Après la parution de l'article de Jeanson, Albert Camus répond dans une lettre datée du 30 juin 1952, adressée à « Monsieur le directeur », et à laquelle Sartre répond en publiant la lettre de Camus et une réponse de Jeanson. Cette polémique et ses « procédés » vont marquer Camus durablement et profondément.

2. René Char adresse sa lettre à Albert Camus sans doute au lendemain de la publication de la réponse de Camus à l'article de Jeanson paru dans le numéro de mai des *Temps modernes*. Le numéro d'août publie la réponse de Camus et celle de Sartre à Camus. À propos de l'opinion de Char sur Sartre, on peut relever dans un commentaire sur la page de garde du *Baudelaire* de Sartre, dans une édition de poche en 1964 : « Intelligence avec l'ennemi ! Sartre l'oignon aux peaux pourries » (catalogue de la vente René Char à Drouot, le 20 juin 1990, n° 127).

du tout. On s'y prépare aux grands Aveux purs (sans freins).

Doux Jésus, vos desseins se dessinent.

Mon cher Albert, comme vous avez raison ! La philosophie des remonte-pentes prête à sourire, bien sûr, mais c'est la bonne et c'est la seule. L'avalanche en 1952 (leur liberté à ces ouistitis-chacals) telle qu'ils la rêvent, c'est *un crime*.

Je vous attends

Très affectueusement

René Char

76. — ALBERT CAMUS À RENÉ CHAR[1]

[*Chambon-sur-Lignon*] 16 août 1952

Mon cher René,

Voilà quinze jours que je m'essaie à prendre le naturel et la résignation des vaches de ce pays — sans y parvenir, bien entendu. Je n'ai rien fait que me promener, ou pêcher la truite, avec un succès modéré. Les événements ici sont les orages. Quant au travail, rien. De loin en loin, je touche un peu à la lettre que je vous destine et qui, à ce train, n'avance guère. Mais cela m'a permis de ne pas vous quitter. La vérité est que je ne sors pas du trou où je végète depuis des mois et où je haletais particulièrement lors de ces dernières semaines à Paris.

J'ai besoin d'une révolution — de quelque grande détermination qui me sépare vraiment de tout ce dont je me suis coupé théoriquement. Sans cela, je vieillirai.

Mais je vous écris surtout pour savoir ce que vous deve-

1. Enveloppe adressée à L'Isle-sur-la-Sorgue, réexpédiée à l'hôtel Lutèce (5, rue Jules-Chaplain — Paris 6e). Papier à l'en-tête de la NRF.

nez et si vous avez gardé l'élan qu'on sentait en vous avant votre départ. Que devient la pièce[1] ?

Je rentre au début de septembre à Paris, mais je souhaite aller cet hiver dans le midi — à moins que je n'accepte un voyage au Golfe Persique, sur pétrolier, que l'on m'offre. Francine reste jusqu'au début octobre ici, quitte à descendre accomplir quelques raids à Lagnes ou à St Rémy — et elle me prie de vous dire que la maison de Cabrières restera encore pour elle un refuge idéal qu'elle n'occupera pas encore — qu'elle vous en remercie — et qu'elle meurt de sa confusion habituelle à la pensée qu'elle ne peut écrire (vous savez que, confusion ou non, les femmes, par définition, s'acceptent).

Vous m'avez manqué, et beaucoup manqué, mon cher René, depuis quelque temps. Un mot de vous me rendrait content. Je pense à vous très affectueusement

A. Camus

Le Panelier
par Mazet Saint Voy
Haute Loire

77. — RENÉ CHAR À ALBERT CAMUS

Paris le 23 août 52

Cher Albert,

J'ai trouvé votre lettre en rentrant de l'Eure où j'ai erré quelques jours. J'y avais pensé à vous, sans ces faux éclairs

1. En 1952, Roger Planchon mit en scène à Lyon la pièce de René Char, *Claire*, qui avait été diffusée l'année précédente dans une mise en onde d'Alain Trutat.

que Paris fait passer devant nos yeux et qui ne nous donnent que des fragments de nos amis, ceux dans lesquels ils assument « le poids », que la maladresse de notre cœur ne sait pas faire léger, ou, tout au moins, moins harassant... On est si mécontent de soi quand, rendu à la solitude de son terrier, on songe à ses meilleurs frères qu'on a mal aidés — non au « sens religieux » mais avec les ressources du verger secret réparties dans notre main et dans nos yeux et qui sont le seul digne héritage de nos foutus ancêtres, de temps en temps.

C'est une *lettre silencieuse* que j'aurais aimé vous écrire, comme la planche de Parménide dont parle Nietzsche, celles-là sont seules pleines de ce qui convient. Pas une pellicule de langue... Je crois, Albert, que nous avons bien et beaucoup marché ensemble depuis quelques années... Nos semelles ont écrasé nombre de mots inutiles. Voyez. Et nous ne tirons pas les feux d'artifice avec des sentiments. Je vous envoie toute mon affection. Pensée amicale et fidèle à Francine, aux enfants.

À bientôt

René Char

78. — RENÉ CHAR À ALBERT CAMUS[1]

Lundi [*20 octobre 1952*]

Chère Francine,

Cher Albert,

Le contre-poison à l'arbre de bâtisse parisien, c'est l'arbre saisonnier de la forêt... mais il me tarde bien de vous revoir, couple de ma pensée.

Tout affectueusement

René Char

79. — RENÉ CHAR À ALBERT CAMUS

Samedi [*novembre 1952*]

Cher Albert

Au sujet de « Post-scriptum[2] » je sors de sa lecture persuadé : soit qu'il faut insérer ces divers textes dans

1. Carte postale représentant « Le Moulin » à Saint-Clair-sur-Epte. René Char y séjourna à plusieurs reprises chez la mère d'Yvonne Zervos, Mme Marion.

2. À la suite des diverses polémiques suscitées par la parution de *L'Homme révolté* et après la violente rupture avec Sartre, Camus songe un temps, selon Olivier Todd, à une deuxième réponse aux attaques de Sartre et de Jeanson (O. Todd, *Albert Camus...*, *op. cit.*, p. 794). Ce « Post-scriptum » renvoie au texte intitulé « Défense de *L'Homme révolté* » que Camus garda cependant dans ses tiroirs (Albert Camus, *Essais*, Gallimard, 1965, « Bibliothèque de la Pléiade », édition établie par Roger Quilliot, p. 1703). Dans une lettre du 26 décembre 1952, Jean Grenier écrit à Albert Camus à propos de ce même texte : « Votre Post-Scriptum me paraît être à la fois nécessaire et remarquable. En quelques pages d'une grande hauteur de vue vous mettez au point vos intentions. Sans doute vous étiez-vous suffisamment expliqué dans *L'Homme révolté*. Mais ce raccourci ne fait pas double emploi. Et il peut être très utile à beaucoup de gens. J'admire le style éclatant et dense qui vraiment est vous-même. Cependant je fais quelques réserves dans la page ci-jointe non pas tant sur les expressions

Actuelles II parmi d'autres textes « quotidiens » qui vous révèlent, soit faire un livre indépendant ; mais alors je crois qu'il faut mettre plus de poudre et de petits plombs dans votre avant-propos, parfait par ailleurs pour un tout autre objet. Vous avez si bien ficelé Breton[1] qu'on attend de vous, tant qu'à faire, que vous en fassiez autant à Sartre... *postérieurement* à son cours des *Temps modernes.* Un peu de chahut lui remettrait la vue en place. Ou alors s'en tenir là, confiant d'avoir raison, les événements à venir hélas le prouveront.

Je vous serais reconnaissant, cher Albert, de remuer Festy pour la parution de *Lettera amorosa*[2], parution pro-

---

employées que sur une certaine tendance à durcir votre pensée. Il suffit d'un rien pour que la grandeur devienne de l'emphase. » Voir Albert Camus et Jean Grenier, *Correspondance 1932-1960*, *op. cit.*, p. 185 et suiv.

1. Rappel de la polémique qui a opposé Camus et Breton lors de la parution, avant celle de *L'Homme révolté*, du chapitre intitulé « Lautréamont et la banalité » dans *Les Cahiers du Sud* n° 307 du 1er semestre de 1951. Voir *supra*, p. 92, la lettre du 3 novembre 1951 de René Char à Albert Camus : « Je me souviens vous avoir confié qu'il n'était pas l'Homme d'un dialogue, même pas d'un échange loyal. »

2. À propos de *Lettera amorosa*, René Char écrit à Gaston Gallimard le 26 septembre 1952 : « Veuillez trouver ci-inclus le manuscrit d'un long poème devant constituer à lui seul un ouvrage que je serais heureux de voir paraître à vos Éditions. Il est inédit. J'aimerais qu'il prît place dans votre collection "Espoir" dirigée par Albert Camus. Je vous remercie chez Monsieur de m'informer de votre décision et vous prie d'agréer l'expression de mes sentiments les meilleurs. » Gaston Gallimard lui répond le 14 octobre : « Cher Monsieur, Albert Camus a dû vous dire que j'étais heureux de publier votre poème. Il est entendu qu'il sera imprimé dans la collection "Espoir". Je vais établir un contrat que vous recevrez incessamment. Croyez, Cher Monsieur, à mes sentiments dévoués. » Cependant, au moment de la composition, Gaston Gallimard alerte René Char dans une lettre du 17 novembre: « Malgré l'utilisation de caractères particulièrement forts, votre *Lettera amorosa* n'occupe que vingt-huit pages (trente-deux à la rigueur) du format "Espoir". Il me semble qu'il serait préférable d'augmenter un peu cette édition et je voudrais avoir votre avis sur ce point. En ce qui me concerne en tout cas, deux solutions paraissent possibles. La première consisterait à joindre à votre belle *Lettera amorosa* d'autres poèmes de la même inspiration, si vous en aviez de prêts, et à publier ainsi un recueil de poèmes d'amour, qui, à bien des égards, serait un événement dans notre production poétique. Quant à la seconde solution, je me demande si Camus n'accepterait pas de rédiger un texte sur vous qui pourrait être joint à l'édition. Mais je

mise pour début janvier... Rousseaux a écrit un compte rendu sur épreuves qui doit être dans le *Figaro littéraire* de jeudi prochain ! Ce sera une catastrophe si les exemplaires ne sont pas sur le point d'être mis en vente à ce moment. J'abomine ce Festy, baratineur sans parole. Il y a plus d'un mois que j'attends ces trente-deux pages très brèves. *La Paroi et la Prairie*[1] est en panne chez GLM du fait de leur retard. Ceci ne serait rien si des comptes rendus n'étaient sur le point de paraître de divers côtés !

Voici une bonne copie du ballet[2]. Agissez comme bon vous semble avec Stravinsky[3] si vous jugez qu'il faut essayer de le toucher.

Fraternellement

René Char

---

n'en ai pas parlé à Camus, avant de connaître votre opinion. Si vous aviez, à cet égard, la moindre objection, je me rangerai naturellement à votre avis. » *Lettera amorosa* paraîtra finalement en janvier 1953 chez Gallimard, dans la collection « Espoir ». René Char offrira son exemplaire (l'exemplaire A du tirage de tête, avec la mention manuscrite « mon exemplaire ») avec cette dédicace : « À Albert Camus, avec lui toujours dans cette citadelle des eaux sur laquelle il veille, où les mots du cœur gravés dans la pierre ne sont touchés que des courants et par l'Iris, leur fleur sous l'arche douce et folle. À Albert, mon frère et mon ami le plus cher. René Char, 9 février 53. »

1. *La Paroi et la Prairie* paraît en décembre 1952 chez Guy Levis-Mano, repris dans *La Parole en archipel*. Voir René Char, *O.C.*, *op. cit.*, p. 350 et suiv. René Char offre à Camus l'exemplaire n° 3 en y ajoutant cet envoi : « À Albert Camus. Mille et une raisons de l'aimer, de l'accompagner, de lutter, de communiquer. René Char. »

2. Il s'agit de « L'Abominable des neiges », pour lequel Nicolas de Staël réalisera de nombreuses études pour les décors et les costumes. Le texte paraîtra dans le n° 10 de *La Nouvelle Nouvelle Revue Française* en octobre 1953 et sera repris dans *Trois coups sous les arbres*, théâtre saisonnier, en 1967. En 1947, René Char avait vu son ballet *La Conjuration* dansé au Théâtre des Champs-Élysées. C'était alors Georges Braque qui en avait conçu le rideau de scène. Voir René Char, *O.C.*, *op. cit.*, p. 1127 et 1399.

3. Albert Camus écrira à Stravinsky pour lui suggérer une rencontre possible avec l'œuvre de René Char. Cette lettre est publiée dans le troisième volume de la *Correspondance* de Stravinsky, établie par Robert Craft : Stravinsky, *Selected Correspondence*, Alfred A. Knopf, New York, 1985.

1953

80. — RENÉ CHAR À ALBERT CAMUS[1]

L'Isle 28 avril [*1953*]

Nous sommes allés au Rebanqué[2] dimanche. Il y avait de la place vide sur le chemin. Les deux vôtres exactement.

Cela vous dit qu'on pense à vous et qu'on l'exprime, même en marchant.

Très affectueusement à vous toujours.

René Char

81. — RENÉ CHAR À ALBERT CAMUS

L'Isle le 6 mai 53

Cher Albert,

Il faisait beau ce matin en décachetant votre enveloppe généreuse, mais malgré tant de dons uniques, j'éprouvais de la tristesse car vous parliez peu de vous. Tout juste un rideau amical de silence avant vos initiales, prompt comme une expédition de rue. Comment allez-vous ? Faites-vous tout ce qu'il faut que vous fassiez, du côté de votre santé ?

Excusez-moi, je sais que ce genre de question impor-

1. Carte postale de L'Isle-sur-la-Sorgue, quai Jean-Jaurès.

2. Le Rebanqué est le cabanon de « montagne » qui appartenait à Marcelle Mathieu et qui accueillit souvent les amis de René Char. Lui-même y séjourna en 1949 et y écrivit de nombreux poèmes des *Matinaux* (voir aussi *supra* note 2, p. 31).

tune, mais comment ne pas penser à vous, avec l'affection anxieuse, cette affection naïve qui croit tout pouvoir réduire et effacer... Vous êtes un des rares hommes, Albert, que j'aime et que j'admire d'instinct et de connaissances à la fois (les deux si souvent se détruisent), ces hommes que le temps, le souci, l'espoir, la fatigue puis l'allégresse de vivre font grandir chaque jour dans notre cœur dont ils occupent et dessinent le sommet que la nature ne nous a point donné et qui n'est dû qu'à nous et à cet infime nombre de frères que nous chérissons et qui nous éclairent à tout moment là-haut.

Je trouve votre avant-propos pour mes poèmes en allemand parfait[1] — quoique trop élogieux — que vous dire ? Je ne vois pas une phrase, un mot à reprendre. « Le nihilisme contre la révolte[2] » m'accompagnera tout à l'heure à la montagne de Vaucluse où je vais passer l'après-midi. MERCI POUR TOUT.

Pourquoi faut-il qu'au même courrier me parvienne une lettre de Paulhan qui me demande l'autorisation de publier dans *La NNRF* de juin l'« Arrière-histoire du *Poème*

1. Ce texte, donné ici en annexe (p. 208), ne sera finalement publié qu'en 1959 dans une traduction allemande en préface au premier des deux volumes des *Poésies* de René Char, chez Fischer. Albert Camus avait offert à Jean Sénac un manuscrit du texte qu'il avait écrit sur René Char pour la radio en 1948. Dans une lettre du 12 février 1953, Camus écrit à Sénac de lui renvoyer « le manuscrit de mon texte sur Char que vous avez gardé. On me demande une courte introduction à une édition allemande de Char et j'y trouverai des éléments » (Jean Sénac, *Pour une terre possible...*, *op. cit.*, p. 233). En août 1954, Albert Camus fera référence à René Char dans la préface au livre de Konrad Bieber, *L'Allemagne vue par les écrivains de la Résistance française*. Une traduction de ce texte en anglais paraîtra en 1956 dans un recueil d'études consacrées à René Char et rassemblées par James Wright, *René Char's Poetry*, publié en Italie par les Éditions De Luca. Voir aussi la lettre de René Char à Albert Camus à l'automne 1956 à propos de cette traduction anglaise, *infra*, p. 154.

2. Ce texte non retenu par Camus dans *L'Homme révolté* porte l'envoi suivant : « À René Char. Ceci qui ne valait pas la peine d'être dit — mais qui vaut la peine de rester entre lui et moi comme un gage de plus de notre longue amitié. Albert Camus. 1952. »

Pulvérisé[1] » dans son entier. Ces gens sont fous ! Il n'y a d'inédit là que les courts commentaires. Paulhan veut publier tout l'ensemble : poésies et notes ! Sont-ils donc à ce point à court de copies ? Je lui fais observer que c'est une entreprise peu logique, étant donné le livre déjà sorti (ce qui ne le gêne pas, dit-il, le tirage n'étant que de 100 ex !).

J'écris au Paulhan de voir Hugues à qui cela risque de causer un préjudice, etc. Dans quel pétrin je me débats... et je ne peux pas, puisque Gallimard est mon éditeur, catégoriquement refuser. Jusqu'à maintenant je gardais mes manuscrits par-devers moi... Comme les chèvres des Baléares *ils* s'attaquent à l'imprimerie même ! Où allons-nous ?

Je vous enverrai ces jours-ci mes récents travaux manuscrits pour vos yeux et votre tiroir.

Je vous embrasse fraternellement,

R. C.

Pensées à Francine, à fille et fils

1. L'« Arrière-histoire du *Poème pulvérisé* » paraîtra dans le numéro de juin de *La Nouvelle Nouvelle Revue Française* et chez Jean Hugues avec un frontispice de Nicolas de Staël. Comme l'explique Jean Hugues dans un texte liminaire, René Char écrivit en marge d'un exemplaire du *Poème pulvérisé* un texte en regard de chaque poème pour une vente d'entraide qui eut lieu en 1947. Jean Hugues retrouva cet exemplaire et proposa à René Char de l'éditer (voir René Char, *O.C.*, *op. cit.*, p. 1291 et suiv.). Ces textes furent retravaillés pour l'édition de Jean Hugues comme en témoignent le dactylogramme et les épreuves de l'ancienne collection Pierre Leroy (Sotheby's, 26 juin 2002, lot n° 144), ainsi que le dactylogramme comportant de nombreuses corrections manuscrites que René Char envoya à Albert Camus avec cette dédicace : « À Albert Camus, quand je lui parle de lui-même. R.C. » L'« Arrière-histoire du *Poème pulvérisé* » sera réédité de nouveau par Jean Hugues, mais sans le frontispice de Nicolas de Staël, en 1972. L'importance de cette arrière-histoire du poème est remarquée ici pour la première fois. René Char retrouvera ce geste lors de la publication de ses *Œuvres complètes* dans la « Bibliothèque de la Pléiade » avec *Le Bâton de rosier* (*op. cit.*, p. 785 et suiv.).

82. — ALBERT CAMUS À RENÉ CHAR[1]

[*Paris*] 13 mai 1953

Mon cher René,

Vous m'avez fait une grande joie en m'envoyant ces manuscrits et ce beau commentaire du *P*[*oème*] *P*[*ulvérisé*][2]. Vous savez que, parmi tout ce que j'admire chez vous, *À une sérénité crispée* est avec les *Feuillets* [*d'Hypnos*] ce qui me porte, et me comble le mieux. Mais je ne connaissais pas vos commentaires au *Poème pulvérisé*, et j'en ai reçu un choc inattendu. Vous cultivez si peu la confidence que le moindre éclairage, venu de vous, sur une œuvre aussi compacte que la vôtre, y révèle un faisceau de sentiers sensibles, une vie multipliée. Ces commentaires m'ont vraiment touché, par leur vérité de ton, et leur constant bonheur d'expression. C'est une bonne, une grande chose, que de pouvoir vous lire en ce moment, spécialement, et, en tout temps, je pourrai revenir vers votre poésie, *la seule* avec laquelle je vive, depuis des années maintenant.

Mon avant-propos à la traduction allemande[3] me paraît d'une parfaite grossièreté, auprès de ce que je sens. Mais

1. Enveloppe adressée à l'Isle-sur-la-Sorgue.

2. Le même jour, Francine Camus écrivait à René Char : « Cher René, / C'est vrai, je ne vous ai jamais écrit. Et aujourd'hui j'ai envie de le faire. / L'autre jour est arrivé votre "Arrière-histoire du *Poème pulvérisé*". C'était un jour de particulière détresse — et beaucoup de choses, même parmi celles que j'aimais déjà, m'ont atteinte comme pour la première fois. Et puis j'ai repris *Fureur et mystère*, et *À une sérénité crispée* et je vous ai aimé pour beaucoup de ce que vous avez dit. Il m'a semblé que vous étiez plus adulte que la plupart des êtres, plus que moi en tout cas, et que vous éclairiez un peu pour moi ce "rebelle et solitaire monde des contradictions". Enfin si l'expression juste a déjà un pouvoir d'exorcisme, lorsqu'elle est belle elle agit comme un charme. Je voulais vous remercier d'avoir été, ce jour-là, mon grand compagnon. / J'espère que vous êtes en bonne santé dans votre pays et avec un cœur ouvert à ses richesses. »

3. Voir note 1, p. 105.

c'était la loi du genre, et il fallait être brutal. Je comprends que Paulhan veuille publier l'« Arrière-histoire », s'il a, le moins du monde, aperçu l'importance de ce texte (depuis que Mauriac a découvert la justice, j'ai choisi la charité, pour éviter toute promiscuité !). Si ça les amuse de publier de l'imprimé, vous serez sans doute le premier à qui on aura fait cet honneur dans *La NRF*. Même s'il y a de la stratégie en ceci, la stratégie après tout consacre l'importance de votre œuvre. Pour le reste, désormais, il me semble que nous devons ne tenir compte que de ce qui nous paraît vrai, et utiliser avec désinvolture, et quand cela nous plaît, les moyens que l'on met à notre disposition. Je dis nous, vous entendez comment.

C'est vrai, je ne vous ai guère parlé de moi dans ma dernière lettre, mais ce que j'ai à en dire ne va pas de soi. S'il ne s'agissait que de moi, je me suffirais pour vivre, provisoirement, du travail et du plaisir, à l'occasion. Mais il y a aussi les autres, et j'ai trop de choses à régler avec eux, depuis quelque temps, pour garder la vraie possibilité de revenir à moi. Tant que je n'aurai pas trouvé un ordre acceptable, ma vie continuera d'être une exténuante tension. Par bonheur, ma santé est bonne — et j'ai mon travail, où je peux rire et pleurer à mon aise.

Ce beau printemps me fait penser au midi, et à vous. Profitez de vos vacances, mon cher René, et continuez d'être pour moi ce fidèle ami que j'admire et que j'aime.

A. C.

83. — RENÉ CHAR À ALBERT CAMUS

Le 22 juin 53

Mon cher Albert

J'aimerais bien vous voir avant votre départ pour les vacances[1]. Si cela vous est possible bien sûr. Le jour, l'heure et le lieu que vous déciderez. Les longues séparations, non décidément. On meurt. Affectueusement votre ami

René Char

84. — ALBERT CAMUS À RENÉ CHAR

29 juin 1953

Cher René,

Voici les disques. Nous leur, et vous, devons de bonnes joies. Je vous dois bien d'autres choses et je vous dis toujours bien mal une amitié, une communauté, que je sens pourtant jusqu'au cœur. Mais vous savez voir.

Je comprends votre fatigue. Je l'éprouve en ce moment. Ou le monde est fou, ou nous le sommes. Lequel est supportable ? Finalement, l'âme est recuite, on vit contre un mur. Mais il faut durer, vous le savez comme moi. Durer seulement, et un jour peut-être...

Je pense à vous, avec toute mon affection

Albert Camus

1. Du 14 au 20 juin ont lieu à Angers les représentations de *La Dévotion à la Croix* d'après Calderón et des *Esprits* d'après Pierre de Larivey, adaptés par Camus.

85. — RENÉ CHAR À ALBERT CAMUS[1]

[*Dabo*] 13 juillet [*1953*]

Cher Albert

On ne se trempe pas deux fois dans la même forêt[2]... Oui peut-être, mais on ne l'apprend que plus tard. Je ne vous envoie pas « une carte postale » mais ma pensée très affectueuse qui peut vous venir de partout où je me trouve.

Votre

René Char

86. — ALBERT CAMUS À RENÉ CHAR[3]

[*Paris*] Lundi 13 juillet [*1953*]

Cher René,

On me dit à votre hôtel que vous êtes en voyage pour quelques jours. Si vous reveniez cette semaine, faites-le-moi savoir par un mot (je ne réponds pas au téléphone,

1. Carte postale de Dabo en Moselle : « Le rocher vu de la Hoube ».

2. Dans « L'amie qui ne restait pas », qui paraîtra dans *La NNRF* d'avril 1954, un poème intitulé « Sur la paume de Dabo » est daté de l'été 1953. Il répond à « Chaume des Vosges », daté lui de 1939, qui reprend en partie « Cantonnement d'octobre » écrit lui aussi dans les Vosges pendant la guerre (René Char, *O.C.*, *op. cit.*, p. 365 et p. 798-799). Il s'agit d'un retour, quatorze ans plus tard, dans un lieu où la poésie se préparait à l'action. Que l'on songe à la fin de « Cantonnement d'octobre » : « Beauté, ma toute-droite, par les routes d'étoiles, / À l'étape des lampes et du courage clos, / Dans l'absurde chagrin de vivre sans comprendre, / Écroule-moi et sois ma Femme de décembre », qui annonce peut-être les dernières pages des *Feuillets d'Hypnos* : « Dans nos ténèbres, il n'y a pas une place pour la Beauté. Toute la place est pour la Beauté. »

3. Enveloppe adressée 5, rue Jules-Chaplain (Paris 6e).

étant seul à Paris[1]) et je vous appellerai. Je voudrais bien passer une soirée avec vous.

Reposez-vous bien. Je pense à vous avec toute mon affection.

Albert Camus

87. — RENÉ CHAR À ALBERT CAMUS

Mardi [*20 octobre 1953*]

Cher Albert,

En relisant sur la copie dactylographiée ce que j'ai écrit *en prose* pour *La Postérité du soleil*[2] je n'ai pas été satisfait. Aussi ai-je tout transformé, et c'est par *un poème* luttant et respirant que je dis le mieux ce que j'éprouve. Pardonnez-moi mes atermoiements. Je désire le mieux possible.

Je me suis souvent entendu demander par des gens au sentiment incrédule : Comment commencer une amitié ? Par le vide qui la précède ?

« Dans une main où je me lis et dans un cœur où je me sens », etc.

Je vous apporterai l'enfant — qui ne sera plus insupportable ces jours-ci.

1. Pendant l'été 1953, Albert Camus reste à Paris. Son épouse et ses enfants sont en vacances dans le Midi.

2. Le projet de *La Postérité du soleil* est né en 1951 lorsque, après avoir vu ses travaux, René Char demande à Henriette Grindat de lui faire des photographies de L'Isle-sur-la-Sorgue et les environs. Il les montra ensuite à Camus et l'idée de faire un livre naquit. Le manuscrit de Camus est daté de 1952 (voir les lettres d'Albert Camus à René Char en date du 25 février et du 11 mars 1951, p. 79 et 81, ainsi que celle de René Char à Albert Camus le 11 juin 1951, p. 84). En mars 1953, Albert Camus écrivait à Henriette Grindat qu'il était en train de « mettre la dernière main au volume sur le Vaucluse ».

Et *Actuelles* II[1]. Je suis impatient de l'avoir.
Toute ma fraternelle affection toujours.

R. Char

88. — ALBERT CAMUS À RENÉ CHAR[2]

[*Paris*] 23 octobre 1953

Cher René,

Voici les reliés. Et le dernier-né, encore mouillé[3]. Avec la joie de vous les donner. Ne vous pressez pas pour le poème d'introduction. Tout cela peut attendre — et il ne faut pas forcer les vins.

À vous, de tout cœur

Albert Camus

1. L'édition originale d'*Actuelles* II, achevée d'imprimer en septembre 1953, paraît en collection blanche le 29 octobre ; 750 exemplaires de cette édition, imprimés sur papier vélin labeur, seront reliés d'une couverture estampée d'après une maquette de Mario Prassinos et mis en vente en mars 1954. En octobre Albert Camus note : « Publication d'*Actuelles* II. L'inventaire est terminé — le commentaire et la polémique. Désormais, la création » (*Carnets*, III, *op. cit.*, p. 103). Sur l'exemplaire n° 1 de l'édition originale, Albert Camus inscrit la dédicace suivante : « "Ah si seulement les poètes consentaient à redevenir ce qu'ils étaient autrefois : des voyants qui nous parlent de ce qui est possible, que ne nous donnent-ils l'avant-goût des vertus à venir." Nietzsche. À vous cher René, seul poète de votre temps à avoir répondu à cet appel, de la part de votre frère fidèle, A.C. » René Char lui enverra le manuscrit de « Sur le tympan d'une église romane » (*O.C.*, *op. cit.*, p. 367), avec ces mots : « À mon très cher Albert Camus pour le remercier d'*Actuelles* II, le remercier toujours et constamment de sa pensée et de son cœur. R.C. »

2. Enveloppe adressée 5, rue Jules-Chaplain (Paris 6e).

3. On peut supposer qu'il s'agit d'exemplaires des œuvres de Camus parues avec un cartonnage le plus souvent dessiné par Mario Prassinos. À cette date toutes les œuvres de Camus étaient disponibles dans cette collection : *Noces*, *L'Étranger* (qui y fut réédité à plusieurs reprises), *Le Mythe de Sisyphe*, *Le Malentendu* avec *Caligula*, *La Peste*, *L'État de siège*, *Actuelles* I, *Les Justes* et *L'Homme révolté*. *Le Mythe de Sisyphe* et une réédition de *L'Étranger* paraissent cette année-là. Peut-être Camus a-t-il envoyé ces deux volumes à son ami, le « dernier-né » étant peut-être l'édition cartonnée d'*Actuelles* II (voir note ci-dessus), même si nous ne savons avec certitude si cette dernière, mise en vente en mars 1954, avait déjà été livrée par le relieur.

89. — RENÉ CHAR À ALBERT CAMUS

Jeudi [*29 octobre 1953*]

Cher Albert

Le bel arc-en-ciel de vos livres fait ma joie. Ensemble, ils miroitent entre le jour et la lampe, comme une truite de la Sorgue, entre gravier et cresson. Merci.

Je vous envoie, parce que c'est bien qu'il soit *avec* vous, le manuscrit d'un poème fait cet été[1]. Vous connaissez le lieu où il est situé. C'est un peu « enfant » peut-être mais comment se rafraîchir et s'innocenter autrement ? Il faut parfois revenir sur le passé et s'en couvrir comme d'un drap léger !

Toute mon affection [*encadré dans la lettre*]

René Char

PS : Mon prochain envoi sera mon aubade.

1. Il s'agit de la première version du « Deuil des Névons », intitulée « Un deuil d'enfance ». La version définitive sera publiée tout d'abord dans « L'Amie qui ne restait pas » (numéro de *La NNRF* d'avril 1954). *Le Deuil des Névons* paraîtra indépendamment avec une gravure de Louis Fernandez et « L'horoscope d'un poète » par Yves de Bayser en octobre 1954, chez Le Cormier à Bruxelles. Le texte sera ensuite repris dans *La bibliothèque est en feu*. La première écriture donne le texte suivant : « Un deuil d'enfance // C'est l'hiver qui s'informe : / Dans le parc des Névons, / Le temps s'est arrêté / Pour permettre aux amants / De rester écoliers. // Dans le parc des Névons / Le nom des jeunes filles / Dans les jeux des garçons / Brûle comme brindilles. // Dans le parc des Névons / Il y a un chien gris, / Deux chats, un hérisson, / Un rouge-gorge ami — / Et un merle transi. // Les journées de mistral, / On s'allongeait au sol, / Le vent passait sur nous / Tel un chat en colère. // L'injuste et le cruel / Ont fait beaucoup souffrir / Le plus enfant de tous. // En lui donnant l'action / Sans lui gâter l'amour, / L'entêtée poésie / Le défit de ce mal. » Une seconde écriture, datée d'août 1953 par René Char, donne : « Le Deuil des Névons // Il est l'égal des verveines, / Chaque été coupées ras, / Le temps où la terre sème, / La terre où le temps me porte / Le doux voile auquel je crois. // Sur le sentier marchait / Un vieux pêcheur sinistre. / L'herbe qu'il saisissait / Dans sa main explosait. // L'heure entre classe et nuit, / Le goûter dans le poing, / Des garnements confus / Couraient, leurs jambes en sang » (*O.C.*, *op. cit.*, p. 389 et 1218).

90. — ALBERT CAMUS À RENÉ CHAR[1]

[*Paris*] vendredi 30 octobre 53

Cher René,

Merci, sans attendre, de ce très beau poème dont j'aime l'émotion légère et profonde. Oui, renoncer à l'enfance est impossible. Et pourtant, il faut s'en séparer, un jour, extérieurement au moins. Mais être un homme, subir d'être un homme et parfois, aussi, subir les hommes, quelle peine ! Coïncidence : je pensais aussi ces derniers temps à Alger et à mon enfance. Mais j'ai grandi dans des rues poussiéreuses, sur des plages sales. Nous nagions, et un peu plus loin c'était la mer pure. La vie était dure chez moi et j'étais prodigieusement heureux, la plupart du temps. Mais pourquoi vous dire tout cela ? Votre poème m'a remué, voilà tout, et je ne supporte pas bien ma vie en ce moment[2]. Reposez-vous, cher René. Malgré votre courage, je vous sens fatigué. Travaillez à l'écart et continuez d'être celui qui parle dans ce poème, celui que j'aime et que j'admire. À vous, de tout cœur

Albert Camus

J'aime ce vers que vous avez coupé :
– le doux vide [*sic*] auquel je crois –

1. Enveloppe datée du 30 octobre 1953, adressée 5, rue Jules-Chaplain (Paris 6e).

2. À l'automne 1953, Francine Camus est souffrante. Elle est entrée dans une dépression qui va s'accentuer au fil des mois et qui laisse Albert Camus à la fois inquiet et impuissant.

91. — RENÉ CHAR À ALBERT CAMUS

L'Isle 2 décembre 53

Mon cher Albert

Bien mauvaise passe pour nous tous, je crois et je sens. Mon jeune neveu Bernard[1] est menacé d'une vilaine histoire mentale. À 26 ans il va entrer dans une maison de santé pour au moins deux mois... Diagnostic pessimiste. Ensuite laids poisons familiaux[2] ; mais c'est là chose secondaire. Fernand Mathieu est gravement atteint[3]. Pas de vraie chance de s'en tirer, je crains hélas. Jeanne[4] et certains « mélancoliques »... Bref, cher Albert, vous aussi que les ennuis n'épargnent pas, je ne vais pas teindre en sombre tout le portrait de la Provence. Mais je pense souvent à vous, à notre amitié : comme une pierre grecque. Le Temps relâche alors son hostilité ; mes mains ne sont plus tristes. Un peu d'enfance et de maquis réchauffent mon cœur perdu.

Votre

R. Char

1. Il s'agit de Bernard Moustrou, fils d'Émilienne, l'une des deux sœurs de René Char.

2. La succession de la mère de René Char va diviser peu à peu ses enfants. Leur mésentente aboutira à la vente de la maison familiale des Névons en 1955.

3. Fernand et Marcelle Mathieu sont des proches de René Char, devenus aussi des amis de Camus, qui séjourne souvent près de chez eux à Lagnes. Voir *Carnets*, III, *op. cit.*, p. 258.

4. La fille de Fernand et Marcelle Mathieu.

92. — RENÉ CHAR À ALBERT CAMUS

L'Isle-sur-Sorgue 27 décembre [*1953*]

Mon cher Albert

Votre lettre m'a suivi ce matin à L'Isle où je me trouve pour quelques jours. J'aurais bien aimé vous voir avant de quitter Paris. Tant de jours avec la pensée-secours seulement, c'était finalement trop peu ! Mais, attendant votre signe, j'imaginais que vous aviez retardé votre retour et je me réjouissais pour vous. Vous avez raison : il faut quitter plus souvent la France[1], ce charnier intellectuel. Mais sans verser dans une sorte d'obstination à la Pascal, il faut peut-être accepter en maugréant d'être « ces don-Quichottes » naufragés qui persistent à tenir le vent, vers quoi ? Supprimons l'interrogation ! Ce n'est pas la sainte-alliance Mauriac-Malraux qui me détournera de ce chemin des tempêtes et des mers prétendues mortes ! Saine, naturelle chaleur et bonne émotion en fin de compte, cher Albert, de savoir ce que nous savons et de demeurer, la narine fendue juste, au-dessus de la lèvre supérieure !

En cette fin d'an et malgré la précarité de celui qui lui succède toutes mes pensées se lient tendrement autour de vous et de Francine, de vos enfants.

Très cher Albert, de toujours à toujours

René Char

1. En ce mois de décembre, Albert Camus rejoint sa femme avec ses enfants à Oran. Il devait ensuite partir pour l'Égypte à l'invitation de Jean Grenier. Dès son arrivée à Oran, l'état de santé de Francine Camus est tel qu'il annule aussitôt tout projet (voir Olivier Todd, *Albert Camus...*, *op. cit.*, p. 807 et suiv.). Francine Camus est hospitalisée à Oran avant de rentrer à Paris courant janvier.

1954

93. — ALBERT CAMUS À RENÉ CHAR[1]

[*Paris, janvier 1954*]

Merci, cher René, pour ce *Rempart*[2] dont la lecture, et la relecture, m'aide en ce moment. Peu de choses le peuvent, et il faut la chaleur de vos mots, de votre chère amitié : c'est à vous que je pense le plus souvent, dans cette espèce de résistance passive où je suis — Chance de vous avoir rencontré, il y a déjà des années, et que l'amitié ait pris entre nous cette force qui enjambe l'absence... Je vous verrai quand je me sentirai moins mobilisé. Les nouvelles sont un peu meilleures[3], en tout cas. Je reste à vous, de tout cœur.

A. C.

94. — RENÉ CHAR À ALBERT CAMUS

Jeudi soir [*28 janvier 1954*]

Cher Albert

Je regrette et je m'attriste de ne vous être que d'un dérisoire secours en ce moment... Je n'ose pas vous téléphoner et quoi vous proposer ? Imbécile impuissance !

1. Enveloppe adressée à René Char (5, rue Jules-Chaplain — Paris 6e).
2. *Le Rempart de brindilles* paraît en décembre 1953 chez Louis Broder avec cinq gravures de Wifredo Lam. Ce texte sera repris en 1955 dans *Poèmes des deux années* chez GLM, puis intégré dans *La Parole en archipel* (*O.C.*, *op. cit.*, p. 359). Le manuscrit offert à Albert Camus est daté du 7 février 1953.
3. Albert Camus fait référence à la santé de sa femme au chevet de laquelle il reste le plus souvent possible.

Pourtant vous devez savoir que je suis votre ami, votre compagnon, qu'à tout instant vous pouvez faire appel à moi, qu'il faut le faire. Être liés dans l'invisible n'est pas suffisant. Notre mal-être ne doit pas nous empêcher la communication quand elle est de quelque bienfait. Je n'ai pas très bonne mine à vous dire cela, moi qui vis comme « le Prisonnier » de Georges de La Tour, entre un escabeau et une chandelle malgré les apparences contraires !

Je voulais vous dire, Albert, que Francine tenait en naissant, dans son petit poing, l'aiguille qui la tourmente aujourd'hui dans son âme et dans sa tête. Mais le souffle a tant de ressources lui qui cause tant de peines !

Les êtres comme elle sont déchirés par l'air, par le sable, par la voix quotidienne, par rien. C'est le mystère de la vie au centre duquel se consume notre vérité — ou notre destin — toujours saignant, hélas !

Ne soyez pas blessé au moins, vous, cher grand Albert. Ne vous laissez pas abattre[1]. Tout à vous de cœur et avec espoir.

René Char

95. — RENÉ CHAR À ALBERT CAMUS

Jeudi soir [*février 1954*]

Cher Albert,

J'ai remis à Henriette Grindat pour *La Postérité du soleil* ce poème — préambule[2] quoique du genre « basset » il peut,

1. À la fin du mois de janvier 1954, Albert Camus est très inquiet de l'état de santé de sa femme. Il craint pour sa vie, ne voyant pas comment elle peut sortir de la forte dépression dans laquelle elle se trouve. Cependant il entrevoit parfois quelques lueurs d'espoir ainsi qu'il le confie dans sa correspondance. Voir Olivier Todd, *Albert Camus…*, *op. cit.*, p. 809.

2. Il s'agit sans doute du poème « De moment en moment » qui ouvrira *La*

peut-être, convenir ?... C'est vous qui en décidez tout naturellement. Moi je suis au bout d'une fourche pour les 46 ans ! Toute mon affection, cher Albert,

René Char

96. — ALBERT CAMUS À RENÉ CHAR[1]

[*Paris*] 13 février 1954

Cher René,

Le basset fera très bien l'affaire. Il fraiera la voie et je le trouve de bonne race, nez sensible, attaches vigoureuses. Je suis content que s'en aille cette petite postérité de notre amitié. Il faut que les fruits roulent. Et tout ce qui parle de vous et de moi en même temps, même lorsque c'est pour nous insulter un peu, et à plus forte raison ici, me donne une joie durable. Merci.

À vous, de tout cœur

A. C.

97. — ALBERT CAMUS À RENÉ CHAR

[*Paris*] Vendredi 5 mars 1954

Pardonnez-moi, mon cher René, de ne pas vous avoir fait signe. Mais les choses, après s'être un peu améliorées,

---

Postérité du soleil. Il fut tout d'abord publié dans la revue *Imprudence*, en 1949, en prologue de *Sur les hauteurs*. Il sera ensuite publié en 1957 chez PAB avec deux gravures de Joan Miró. René Char l'intégrera à ses *Œuvres complètes*, dans *Le Bâton de rosier* (p. 802).

1. Enveloppe adressée à René Char (5, rue Jules-Chaplain — Paris 6e).

sont retombées dans l'état primitif. Nous repartons à zéro[1]. J'aimerais bien déjeuner ou dîner avec vous la semaine prochaine. En attendant, voici les petits signes de ma constante affection.

A. C.

98. — RENÉ CHAR À ALBERT CAMUS

Mercredi [*mars 1954*]

Cher Albert

Voici un mot de Tocqueville[2]. La prochaine fois que nous nous verrons on pourra parler avec lui, si vous voulez. Du moins vous visiterez les lieux. Ne vous inquiétez pas pour sa hâte. Je crois qu'elle part d'un bon sentiment. Celui de vous avoir dans sa maison. Mais la question du loyer est à débattre, serrée. Je le sais grippe-sous, mais faible de l'estomac et des gencives.

On se téléphone bientôt, Albert

Très affectueusement

R. C.

1. L'état de santé de Francine Camus ne s'est pas amélioré. À la mi-mars elle chutera d'une fenêtre du premier étage de la clinique où elle se trouve et aura le bassin fracturé.

2. À la suite des ennuis de santé de sa femme, Albert Camus va s'installer quelque temps dans un appartement de l'immeuble où habite René Char, au n° 4 de la rue Chanaleilles ; il s'y fixera définitivement en mai 1956. Le comte de Tocqueville, petit-neveu d'Alexis de Tocqueville, était propriétaire de cet immeuble. Dans *Le Bâton de rosier*, René Char écrit : « Vingt années, j'ai habité rue de Chanaleilles, dans la maison des Tocqueville. Le couple des concierges [*les Pinckert*], d'une affabilité et d'une distinction rares, d'une présence spirituelle émouvante, contribua à la longueur facile de ce bail » (*O.C.*, *op. cit.*, p. 804).

99. — ALBERT CAMUS À RENÉ CHAR[1]

[*Paris*] 25 mai 1954

Mon cher René,

Un mot pour une affaire qui vous ennuiera sans doute. On me donne les placards des poèmes de Sénac qui paraissent dans « Espoir » et j'y trouve votre préface[2]. Je crois me souvenir que vous m'aviez dit ne pas vouloir préfacer une édition normale de ces poèmes. Voulez-vous me le confirmer ou, d'un coup de fil à Festy, lui dire de faire sauter la préface ou de la maintenir. Ne pensez en tout ceci qu'à votre propre opinion. Moi, cela m'est tout à fait égal.

Je travaille pour un nommé Bresson à des dialogues de *La Princesse de Clèves*[3]. Ça m'abrutit, tant c'est dérisoire. Mais j'avais besoin de cet argent, que je gagne bien, en toute justice. La semaine prochaine, je serai un peu plus libre. Je voudrais bien vous voir un peu.

À vous, très affectueusement

A. Camus

1. Enveloppe NRF datée du 25 mai 1954, adressée 5, rue Jules-Chaplain (Paris — 6e).

2. Les *Poèmes* de Jean Sénac paraissent dans la collection « Espoir » que dirige Albert Camus avec un avant-propos de René Char (*O.C.*, *op. cit.*, p. 1322).

3. Au cours du mois de mai, la santé de Francine Camus s'améliore. *L'Été* est paru chez Gallimard en mars et Albert Camus avait inscrit en dédicace sur l'exemplaire de René Char : « À vous, mon cher René, sur qui règne [L'Été], pour vous remercier d'être ce frère de peine et de joie, dont l'affection m'aide à vivre. A.C. » En ce printemps 1954, Camus ne parvient plus à écrire. Robert Bresson lui propose de travailler à l'adaptation de *La Princesse de Clèves* pour le cinéma. « Cela me prend beaucoup de temps, mais j'apprends un métier que je ne connaissais pas », écrit-il à Mamaine Koestler. Mais le projet tournera court. Ses rapports avec Bresson s'enveniment au point qu'il écrit à Janine et Michel Gallimard, le 8 juin 1954 : « Le temps s'effrite, mon temps plutôt, je ne fais rien. J'ai travaillé un mois à la *Princesse*. Et puis Bresson a été tellement emmerdant (c'est un fou maniaque) qu'il a fallu renoncer. » Voir Olivier Todd, *Albert Camus…*, *op. cit.*, p. 814 ; et Herbert R. Lottman, *Albert Camus*, *op. cit.*, p. 547.

100. — RENÉ CHAR À ALBERT CAMUS

7/7/54

Cher Albert,

Je m'aperçois que les gentlemen de *L'Express*[1] n'ont pas reproduit la lettre que je leur avais adressée[2]... J'ai appris par Henri Hell rencontré Boulevard Raspail (c'est Hell qui a écrit l'article sur *L'Été* dans *Arts)*, que le bel anonyme de *L'Express* est un certain Le Marchant[3], jadis à *La Table ronde*. Je ne le connais pas mais l'odeur me dit quelque chose.

1. *L'Express*, fondé par Jean-Jacques Servan-Schreiber et Françoise Giroud, paraît pour la première fois le 16 mai 1953. Il devient quotidien à partir d'octobre 1955.

2. Le 13 juin 1954, René Char écrit à Jean-Jacques Servan-Schreiber : « Monsieur, dans *L'Express* du 11 juin, celui de vos collaborateurs anonymes qui rend compte des revues du mois a cette trouvaille : "Le courage de l'ingratitude" pour recommander à l'attention de vos lecteurs la chronique "littéraire" d'une revue qui s'intitule *La Parisienne*... Que lisons-nous dans cette chronique ? Nous lisons que l'auteur de *L'Homme révolté*, l'écrivain des éditoriaux de *Combat* (1944-45), Albert Camus, est décevant comme pas un. Bien. Je ne sais s'il est agréable ou non à Camus d'entendre et de réentendre le disque de sa faute. Il est fautif de ne pas être demeuré étranger aux pestes de son temps ! Tant pis. Ils sont nombreux ceux qui partagent avec lui cette préoccupation. Cependant comme il n'est pas certain que nous nous intéressions aux propos du chroniqueur de *La Parisienne*, celui-ci nous met sous les yeux des extraits de lettres personnelles de Camus à son endroit... Comment douterions-nous après ce geste spartiate ? Est-ce ce vol de mouche qui a séduit votre collaborateur ? En ce cas, je me permets de l'assurer qu'il commet une confusion dans le sentiment et dans les termes. Ce qu'il prend pour du courage, c'est de la goujaterie, une goujaterie d'une affligeante banalité. Je trouve en fin de compte, ces gens bien naïfs (ceux de *La Parisienne* et d'ailleurs...). Je penche pour un mode de conversation avec eux qui aurait le mérite de les qualifier là où ils rêvent vainement de réussir : sur le terrain de l'homme adulte. / Quelques jeunes et vieux camarades de la Résistance qui éprouvent de la sympathie pour *L'Express* m'ont prié de vous écrire. Je le fais volontiers. Veuillez croire, monsieur, à mes sentiments cordialement attentifs. » *La Parisienne*, fondée par Jacques Laurent, était une revue située politiquement à droite. Le numéro de novembre/décembre 1957 était consacré à Albert Camus, avec notamment les contributions de Driss Chraïbi, Maurice Clavel, Jean-Claude Ibert, Jean d'Ormesson, Bernard Pingaud et Michel Zeraffa.

3. Jean Le Marchant avait été rédacteur en chef de *La Table ronde* après la guerre.

Quand vous aurez quelques heures de disponibles, faites-moi signe cher Albert. Vous savez avec quelle affection je pense à vous et suis près de vous.

Votre

R. C.

Je resterai tout juillet à Paris. Pour quand voulez-vous *Recherche de la base et du sommet* ? Ça marine, à peu près achevé.

101. — RENÉ CHAR À ALBERT CAMUS

28 juillet 54

Cher Albert,

J'espère que vous prenez de réelles vacances là ou vous êtes[1]. Dès que la campagne surgit, il y a une chance de peser moins, à condition qu'on ne nous détruise pas en nous ce fil de la vierge qui naît au matin...

J'ai reçu de *L'Express* la lettre de collégien que je vous envoie. Une bobine de fil blanc en guise de réponse !

Respirez l'arôme des herbes et des ruisseaux, cher Albert. Vous me manquez.

Je vous lis. J'ai tous vos livres et manuscrits maintenant, avec moi, ici. Pensées à Fille et Fils.

Amitiés à Francine quand vous lui écrirez

Fraternellement

René Char

1. En juillet, Albert Camus s'installe à Sorel-Moussel avec ses enfants. Francine part en juin et juillet en convalescence à Divonne.

102. — ALBERT CAMUS À RENÉ CHAR[1]

7 août 1954
(Sorel Moussel)

Cher René,

Cet *Express* est un omnibus, bien vulgaire, finalement. Je végète ici, sous la pluie, presque perpétuelle. Je pêche, dans une rivière couverte de traînes, comme la Sorgue. Les enfants s'amusent quand le soleil brille, lisent quand il pleut. Nous nous entendons bien.

Je vous envoie un texte, mauvais, car je ne sais plus écrire, mais où je parle de vous. Il s'agit d'une lettre-préface à une thèse faite par un Américain d'origine allemande sur l'Allemagne et les écrivains de la Résistance française[2]. L'écrivain cité au début est Sartre.

Je rentre fin août, mais je ne sais si ce sera pour longtemps. Nous trouverons bien le temps d'un déjeuner, j'y tiens. À moins que vous n'ayez quitté votre palais de Chalaneilles, non Chanaleilles. Dites-le-moi d'un mot. Votre frère

A. C.

1. Enveloppe datée du 9 août 1954, adressée 4, rue de Chanaleilles (Paris 7e).

2. Il s'agit de la préface au livre de Konrad Bieber, *L'Allemagne vue par les écrivains de la Résistance française*, publié chez Droz en 1954. Le texte de cette préface sera repris dans la revue *Témoins* au printemps 1955 sous le titre « Le refus de la haine ». Albert Camus écrit : « L'Allemagne nazie n'a pas eu de combattant plus déterminé ni d'ennemi plus généreux qu'un grand poète français, René Char dans l'œuvre de qui vous trouverez aujourd'hui comme demain le miroir fidèle d'une vertu libre et fière dont le souvenir nous soutient encore. »

103. — RENÉ CHAR À ALBERT CAMUS

Mardi [*10 août 1954*]

Cher Albert,

Merci d'avoir senti et su que j'aimerais votre lettre-préface, qu'elle m'était *nécessaire* en ce moment. Excepté 10 lignes, page 4 (comment vous dire, on n'est jamais le seul dans une galaxie. Mais votre affirmation qui émeut tellement mon cœur, elle essaime n'est-ce pas sur la tête de cette poignée de compagnons qui ont fait *Hypnos*...). Vous tenez le langage de l'acte-vérité même.

Recherche de la base et du sommet est achevé, envoyé à la tape. Sitôt une copie venue, je vous l'envoie, si vous permettez. Il faut que très sincèrement vous me donniez votre pensée sur cela. J'ai l'impression — juste ou fausse — que je suis mon propre boucher là-dedans ! Je redoute tant l'impudeur, le trop dire ! Je vais vous ennuyer. Pardon ! Je crois que je serai encore ici à la fin du mois. Sinon, je viendrai avec la petite auto de Dupin[1] vous dire bonjour, un de ces jours à Sorel-Moussel.

Toute mon affection
très cher Albert

R. C.

PS : Ci-inclus une lettre, d'un bon poète, qui vous concerne, et deux récents poèmes parus dans *Le Mercure*[2].

1. Il s'agit de Jacques Dupin, poète, ami de René Char. Voir *supra* la lettre de René Char à Albert Camus du 17 avril 1950, p. 59.

2. Étaient jointes à cette lettre deux épreuves des textes publiés au *Mercure de France*, « Victoire éclair » et « Pourquoi la journée vole », qui seront recueillis dans *Poèmes des deux années* (chez GLM, 1955, avec une eau-forte de Giacometti pour les exemplaires de tête) et repris plus tard dans *La Parole en archipel* (*O.C.*, *op. cit.*, p. 372 et 374).

104. — ALBERT CAMUS À RENÉ CHAR[1]

[*Dreux*] 13-8-1954

Je rentre la semaine prochaine. Merci de vos poèmes, que vous m'avez fait lire et que j'ai retrouvés intacts dans leur force. Je vous appellerai, aussitôt que possible. Mille affections

Camus

105. — RENÉ CHAR À ALBERT CAMUS

Avignon Mercredi [*août 1954*]

Cher Albert

Je m'éveille ce matin à Avignon avec un ciel pluvieux, mais m'assure-t-on ce n'est que « temporaire »... Je resterai à L'Isle une dizaine de jours et vous téléphonerai à mon retour.

Voici quelques renseignements au sujet d'André Grillet[2] qui vous faciliteront l'amicale démarche en sa faveur que vous projetez.

Grillet est à Briançon depuis huit ans (Sous-Préfet de première classe depuis plus de trois ans). L'actuel sous-préfet de Senlis, où Grillet aimerait bien aller, s'y trouve depuis quelques mois, mais comme il était auparavant

1. Carte postale représentant des pêcheurs de bord de Seine, adressée 4, rue de Chanaleilles (Paris 7e).

2. André et Ciska Grillet sont des amis de René Char (voir *supra* note 3, p. 37).

secrétaire général de la Préfecture de Beauvais, il est possible qu'il ait envie de changer de département. Voilà !

Tout affectueusement à vous

René Char

106. — ALBERT CAMUS À RENÉ CHAR[1]

[*Paris*] 4 septembre 54

Mon cher René,

J'ai parlé, avec autant d'éloquence que j'ai pu, de Grillet. On m'a promis qu'on s'en occuperait. Je n'ose répondre de rien, connaissant un peu la légèreté administrative. Mais avec un peu de chance...

Bon. J'ai lu votre pyramide[2]. Avec une émotion et une admiration croissantes. Finalement, c'est vous qui avez trouvé la manière de traiter (au sens médical aussi) le sujet. Car vos mots en même temps qu'ils débrident, et avec quelle brûlure d'acier, cautérisent, tonifient. C'est écrit avec le cœur gros, et c'est pourquoi l'émotion est constante, mais aussi à l'aventure, sans une avarice. Quel bon vent, quelle amère et royale santé ! Je suis content, très content, que vous m'ayez donné ce livre. Je n'y suis pour rien et j'ai l'impression d'y parler un peu. Après toute cette période où j'ai été littéralement vitriolé par le doute de moi-même, c'est la première lecture dont je me suis relevé avec une sorte de force, et une manière de confiance.

Je me suis occupé de la publication et j'ai interrogé non

1. Enveloppe datée du 6 septembre 1954, adressée à L'Isle-sur-la-Sorgue.

2. Il s'agit de *Recherche de la base et du sommet*. Au moment de la parution de l'ouvrage, René Char offrira l'exemplaire du tirage de tête à Albert Camus avec cette dédicace : « Très cher Albert, vous voici chez vous encore. Rien de meilleur pour moi. Votre R.C. »

pas l'Olympe, mais le personnel de l'Olympe, je veux dire les gens de la librairie et les services commerciaux (il vaut mieux s'adresser à ses saints...).

Ils me conseillent tous la sortie en janvier. Les plats du jour pour Drouant[1] commencent déjà à sortir, on prévoit cette année plusieurs centaines de marmites et il est probable que le public, gorgé de rata, refusera toute nourriture. À la fin de décembre-début janvier au contraire il recommencera à vivre vraiment. J'ai réfléchi. Le livre est un peu différent de vos autres volumes, il est bon qu'il tombe droit et avec beaucoup de bruit dans la mare. Il en fera de toute façon, je crois, mais plus il en fera mieux cela vaudra. La sortie en janvier lui donnerait en tout cas son maximum de chances. Si vous êtes d'accord, j'organiserai toutes choses pour cela. Mais si vous avez la moindre envie de voir sortir le livre avant, dites-le-moi d'un mot, cela ne donnera aucune difficulté.

J'espère que le soleil vous favorise. Ici l'orage et la chaleur se disputent les dépouilles parisiennes. Toute la presse émancipatrice ment allègrement, l'autre meurt de frousse et pleure sur son capital. Mauriac fait du cinéma et continue de chercher des honneurs jusque sous la table sainte. Paris est là, vous le voyez. Heureusement, la rentrée ramène de bonnes chairs dorées qui rendent la rue vivable.

Quand revenez-vous ? Je pars le 3 octobre à La Haye, mais rentre le 5[2]. Tout le reste du temps, vous serez le bienvenu, cher « compagnon de planète ». Très affectueusement

A. C.

1. Rappelons qu'en décembre 1954 le jury du Goncourt réuni chez Drouant attribuera le prix aux *Mandarins* de Simone de Beauvoir.

2. Albert Camus part pour un rapide voyage à Rotterdam et à La Haye à propos duquel on peut lire les notations des *Carnets*, III, *op. cit.*, p. 125 et 126. Ce voyage serait l'un des points de départ de l'écriture de *La Chute*.

107. — RENÉ CHAR À ALBERT CAMUS

L'Isle 9 septembre [*1954*]

Mon cher Albert

Merci pour votre lettre trop indulgente. Je sais, hélas, ce qui manque à ces textes, la silhouette raide et creusée à la fois qui est la leur... Ah ! comme j'envie parfois le saule des paniers qui plie sans se casser.

Je vous ai dit que vous avez tout le temps pour la parution du livre. Le mois m'est indifférent et l'époque. Liberté d'action !

Je reviendrai à Paris vers le milieu de la semaine prochaine. Je vous téléphonerai afin qu'on se voie.

Ma pensée très affectueuse. À bientôt impatiemment.

R. C.

P.S. Quel affreux numéro que celui de *La NNRF* de septembre ! La médiocrité sans rémission...

P.S. J'ai vu Jeanne et Urbain[1].
Ça va, ça ira.

1. Jeanne et Urbain Polge. Voir *supra*, note 2, p. 37.

108. — RENÉ CHAR À ALBERT CAMUS

Lundi [*novembre 1954*]

Cher Albert

Je suis à Paris, après un séjour au bord de L'Epte[1], à mon retour de L'Isle. Et bien sûr, impatient de vous voir. Je vous téléphonerai chez vous demain matin ou mercredi si je ne vous trouvais pas.

Inutile de vous redire, n'est-ce pas, que je pense à vous dans tous ces temps.

Affectueusement

René Char

PS — J'ai ajouté une longue dédicace au livre d'« Espoir[2] » (à tous les désenchantés silencieux, etc.) et fait quelques corrections ici et là. Le mieux serait, si vous l'avez encore, que je les transcrive directement sur le manuscrit.

1. René Char fit de nombreux séjours à Saint-Clair-sur-Epte chez Mme Marion, mère d'Yvonne Zervos. Voir aussi le très beau poème « Le Bois de l'Epte », René Char, *O.C.*, *op. cit.*, p. 371, 1215 et 1375.

2. Il s'agit de *Recherche de la base et du sommet* qui parut, comme l'avait suggéré Camus, en janvier 1955 dans la collection « Espoir ». La dédicace dont parle René Char est celle de « Pauvreté et privilège », « dédié à tous les désenchantés silencieux, mais qui, à cause de quelque revers, ne sont pas devenus pour autant inactifs. Ils sont le pont. Fermes devant la meute rageuse des tricheurs, au-dessus du vide et proches de la terre commune, ils voient le dernier et signalent le premier rayon. Quelque chose qui régna, fléchit, disparut, réapparaissant devrait servir la vie : notre vie des moissons et des déserts, et ce qui la montre le mieux en son avoir illimité. / On ne peut pas devenir fou dans une époque forcenée bien qu'on puisse être brûlé vif par un feu dont on est l'égal » (*O.C.*, *op. cit.*, p. 629). Rappelons que *Recherche de la base et du sommet* fut le titre temporaire de l'un des « Billets à Francis Curel », publié dans le premier numéro de la revue *Empédocle*.

109. — RENÉ CHAR À ALBERT CAMUS

Samedi 12 décembre 54

Mon cher Albert,

Je me suis réjoui d'apprendre que vous séjournez en Italie[1]. Je vous aperçois très bien là-bas où l'étau des journées est si desserré !

J'irai à L'Isle dans le courant de la semaine prochaine, vendredi vraisemblablement. Soyez gentil de m'avertir de votre présence à Paris. Le matin, vous me trouverez au bout du fil entre 9 h et 10 h 1/4. Car la maison de Tocqueville ne m'avisant jamais des appels à mon nom au téléphone (l'aristocratie ne fait pas savoir...), passé cette heure-là, je suis dans l'ignorance.

Meilleures amitiés à Francine. Ma pensée aux enfants.

Très affectueusement

René Char

1. Albert Camus est en Italie à partir du 24 novembre pour une tournée de conférences à Gênes, Turin, Rome, à l'invitation de l'Association culturelle italienne. Il y séjourne jusqu'au 14 décembre. C'est pour lui l'occasion de retrouver Nicola Chiaromonte mais aussi Ignazio Silone, de rencontrer Carlo Levi. Voir Albert Camus, *Carnets*, III, *op. cit.*, p. 131 et suiv. Il écrit à Jean Grenier à propos de ce séjour italien : « À bien des égards, j'avais besoin de cette cure, car c'en est une. Après tout, la beauté guérit elle aussi, une certaine lumière nourrit [...]. Et j'ai vécu si misérablement depuis une année que je ne me rassasie pas de cette fortune soudaine », Albert Camus et Jean Grenier, *Correspondance*, *op. cit.*, p. 197.

1955

110. — ALBERT CAMUS À RENÉ CHAR[1]

[*Paris*] Vendredi 18 mars 1955

Cher René,

Je ne vous ai pas fait signe car je suis, intérieurement, au bout de mon rouleau, et je vis au jour le jour[2]. Mais ce que je lis ce matin dans le journal me tourne vers vous, avec la violente affection que je vous ai toujours portée. Le suicide de Staël[3] m'a empli en même temps de pitié et de colère. Je lui en veux quand je pense à Jeanne, et à vous, et aux autres. Il y a dans tout acte de ce genre une sorte de viol effectué sur les êtres qui y sont intéressés, un rapt de leur liberté, de leur droit à ne pas savoir, à être innocent. Et ce viol, je ne peux m'empêcher qu'il m'indigne. En même temps, je pense à lui, et à une certaine misère que je connais bien.

Mais il en a fini, et il n'était pas mon ami, et vous l'êtes. J'ai pensé à vous tout de suite et voulais vous dire que le mauvais ami que je suis en ce moment reste jusqu'au bout votre fraternel compagnon. De tout cœur

A. C.

1. Enveloppe datée du 18 mars 1955, adressée 4, rue de Chanaleilles (Paris 7e).

2. Le 12 mars avait eu lieu la première de l'adaptation au théâtre par Albert Camus de la nouvelle de Dino Buzzati, *Un caso clinico*, devenu, dans sa traduction française, *Un cas intéressant*.

3. Nicolas de Staël s'est suicidé le 16 mars 1955 à Antibes.

111. — RENÉ CHAR À ALBERT CAMUS

3 mai [*1955*]

Cher Albert

Soyez gentil, dès votre retour, de me donner un rendez-vous. J'ai hâte de parler avec vous.

Après le papier sur Sénac dans *La NNRF* d'avril[1], puis la mise en cause de ce pauvre Berger[2] dans ce très spécial compte rendu sur moi, j'ai écrit à Paulhan-Arland ma pensée et ma décision de ne plus collaborer à l'avenir à *La NNRF*.

À bientôt. Très affectueusement à vous.

R. C.

1. « Si Malraux a raison, si l'artiste véritable se marque à ce que ses essais relèvent tout entiers d'une esthétique apprise, d'ores et déjà Jean Sénac mérite une large confiance. Pour le moment, force nous est bien de constater que, quand ni Char ni Eluard, dans ses poèmes, ne parlent, rien ne nous y arrête longtemps. Quelques vers neufs, mais isolés, ne font que déconcerter » (Pierre Oster, à propos des *Poèmes* de Jean Sénac, *La NNRF*, n° 28, 1er avril 1955, p. 733).

2. Pierre Oster, dans sa note aigre-douce sur *Poèmes des deux années* et *Recherche de la base et du sommet* de René Char (*NNRF*, 1er mai 1955, n° 29, p. 900-901), s'en prenait aux écrits de Pierre Berger sur le poète. Ancien déporté, critique et journaliste, Pierre Berger avait consacré plusieurs études à Albert Camus : sur *Caligula* (*Poésie 45*, n° 28), sur Camus romancier (*Arts*, 12 juin 1953). Le 15 février 1952, Albert Camus lui avait accordé un « Entretien sur la révolte » pour *La Gazette des Lettres*, repris dans *Actuelles* II. Il était aussi proche de René Char, auquel il consacra une étude dans la collection « Poètes d'aujourd'hui », chez Seghers, en 1951 (voir *supra*, note 3, p. 80). On pourra aussi se reporter à la lettre d'Albert Camus à Pierre Berger du 15 février 1953, reprise dans les *Carnets* et citée dans *Théâtre, Récits, Nouvelles*, Gallimard, 1962, « Bibliothèque de la Pléiade », p. 2061.

112. — ALBERT CAMUS À RENÉ CHAR[1]

[*11 mai 1955*]

Ma pensée ne vous quitte pas ici[2], mon cher René, où tout vous ressemble. Pour moi, j'y ai trouvé ce que je suis venu y chercher, et plus encore. Je vais revenir debout, enfin. J'ai fait aussi le vœu de revenir ici avec vous.

Très affectueusement

A. C.

113. — ALBERT CAMUS À RENÉ CHAR[3]

[*Mai 1955*]

Cher René,

Je vis ici en bon sauvage, naviguant d'île en île, dans la même lumière qui continue depuis des jours, et dont je ne me rassasie pas. Je rentrerai vers le 6 et je me réjouis d'avance de cette autre navigation avec vous, vers le Vaucluse. Très affectueusement

Albert

1. Carte postale de Délos, datée du 11 mai 1955, adressée par avion 4, rue de Chanaleilles (Paris 7e).

2. Albert Camus part en Grèce du 26 avril au 16 mai 1955. Dans une lettre datée du 6 mai, il écrit à Jean Grenier : « J'avais besoin aussi de la Grèce et de ce sentiment d'espace si fort, qu'elle me donne. Comme un emprisonné, et qui se trouve tout d'un coup sur une montagne nue qui se découpe en plein ciel. Oui, je respire », Albert Camus et Jean Grenier, *Correspondance*, *op. cit.*, p. 200. C'est depuis la Grèce qu'il envoie son premier article à *L'Express*, consacré au tremblement de terre de Volos. Voir aussi *Carnets*, III, *op. cit.*, p. 156-174.

3. Carte postale de Lesbos (Grèce), adressée 4, rue de Chanaleilles (Paris 7e).

114. — ALBERT CAMUS À RENÉ CHAR[1]

Hôtel de la Gare [*Le Planet*] 8 juillet 1955
Montroc. Le Planet par Argentières
(Haute-Savoie)

Mon cher René,

On me demande de vous faire tenir la lettre ci-jointe. La signataire est Madame Anne Heurgon[2]. J'ai connu son mari, professeur à Alger, et j'avais de l'amitié pour lui. Je connais moins sa femme, dont il est séparé maintenant. Je la trouvais un peu mondaine, pour mon goût. Mais ça n'empêche rien, ni en bien, ni en mal.

Quoi qu'il en soit, elle est la fille de Paul Desjardins et elle essaie de refaire, à Cerisy, les fameux entretiens de Pontigny. Jusqu'à présent, ce n'était pas extraordinaire, à ce qu'on m'a dit. Mais la venue de Heidegger[3] est évidemment un succès pour elle.

1. Enveloppe datée du 9 juillet 1955, adressée 4, rue de Chanaleilles (Paris 7e), portant la mention « faire suivre ». Sur papier à en-tête de la NRF.

2. Anne Heurgon-Desjardins (1899-1977) est la fille de Paul Desjardins (1859-1940), qui avait fondé en 1910 les « Décades de Pontigny », auxquelles fut liée *La Nouvelle Revue française*. De 1947 à 1952, Anne Heurgon-Desjardins organisa quelques « Décades » à l'abbaye de Royaumont, puis à partir de 1952 à Cerisy, dans le prolongement des rencontres de Pontigny. Elle avait épousé en 1926 Jacques Heurgon, dont Paul Desjardins avait été le professeur en khâgne. Heurgon, entré à l'École normale supérieure en 1923, devint un spécialiste de la littérature classique et de l'archéologie du monde antique en Italie. Il était professeur à la faculté d'Alger, où il rencontra Albert Camus alors étudiant, et membre de la revue *Rivages* — Camus y publia « L'Été à Alger », dédiée à Jacques Heurgon.

3. Martin Heidegger est invité dans ce colloque organisé par Jean Beaufret, intitulé « Qu'est-ce que la philosophie ? Autour de Martin Heidegger », qui eut lieu du 27 août au 4 septembre 1955. Par ailleurs, les thèmes de Cerisy de cette année étaient : « Les Arts contemporains », colloque dirigé par René de Solier du 8 au 12 juillet, « La Jeune Littérature », dirigé par Marcel Arland, André Chamson et Manes Sperber du 13 au 17 juillet, « La Résistance a-t-elle encore un rôle à jouer ? », dirigé par Daniel Mayer et Henri Michel du 17 au 23 juillet, et « La

En résumé : liberté entière pour vous de dire oui ou non. Si vous voulez d'autres renseignements, demandez-les, mon cher René. Je vous ai téléphoné sans succès avant mon départ. Il y avait d'ailleurs une personne assez demeurée au bout du fil. Je suis venu ici, dans la vallée de Chamonix, avec Jean et Catherine. Francine fait en effet une cure à Divonne pour consolider une guérison qui me semble acquise. Je me suis remis au travail, quoique péniblement, et j'ai l'impression de sortir peu à peu d'un tunnel. En août, j'irai seul en Italie prendre un bain d'anonymat et essayer de terminer mes nouvelles[1]. Mais je serai en septembre à Paris. Et maintenant que ma vie va se régulariser, il faudrait, mon cher René, que nous nous rencontrions plus souvent. Je sais que je puis maintenant rester des années sans vous voir et que mon cœur sera le même pour vous. Mais les années passent, et l'amitié est bonne à vivre. Si je fais le compte de mes amis, d'esprit et de cœur, il est bref, et vous êtes celui dont je désire toujours sentir au moins la présence. Je voudrais bien l'an prochain réduire ma vie à l'essentiel, autant que possible, et vous êtes dans cet essentiel.

Mission historique d'Israël », dirigé par Jacques Madaule du 23 au 30 juillet. Dominique Janicaud offre, dans le tome I de son *Heidegger en France* (Albin Michel, 2001, p. 135 et suiv.), un récit précieux et détaillé de ce premier séjour de Heidegger, ainsi qu'une fine analyse de ses enjeux. Sur le sentiment de Camus concernant la venue de Heidegger en France, Frédéric de Towarnicki écrit dans *À la rencontre de Heidegger. Souvenirs d'un messager de la Forêt-Noire* (Gallimard, 1993, p. 37) : « En passant devant le Flore, j'aperçois Albert Camus... Il n'a aucune hostilité spéciale contre Heidegger, mais enfin... Heidegger ne le concerne pas et il a été national-socialiste. »

1. Albert Camus travaille à l'ensemble des nouvelles qui vont constituer *L'Exil et le Royaume*. Le 24 août 1955, il écrit à Jean Grenier : « Des misères de santé ont gâché mon été. Finalement, un voyage en Italie m'a redressé. J'ai travaillé et terminé, dans sa première version, un volume de nouvelles [...]. J'ai revu en Italie ce que j'avais découvert, jeune étudiant. Pour le barbare que j'étais, l'Italie a révélé, de manière éblouissante, l'art », Albert Camus et Jean Grenier, *Correspondance*, *op. cit.*, p. 201.

Il pleut ici, trois jours sur cinq. Mais je ne m'en plains pas trop, heureux d'avoir échappé à Paris, et de pouvoir travailler. Un mot de vous m'apporterait chaleur et joie. Je vous envoie en tout cas mes plus affectueuses pensées.

A. C.

115. — RENÉ CHAR À ALBERT CAMUS

Le 12 juillet 55

Mon cher Albert,

Je vous avais ces temps derniers appelé chez Gallimard. La téléphoniste m'avait dit que vous aviez quitté Paris pour la verdure. Cela me suffisait. J'imaginais fort bien que vous gravissiez lentement, au terme d'une page heureusement novice, quelque coteau frais... Et je me réjouissais de cet abandon par vous du lieu aux tristes figures, et de cette oppression que subit l'existence quotidienne à Paris partout. Moi j'avais planté ma tente provisoire et capricieuse sur les bouts de l'Epte, ce ruisseau aux canards qui se croient sauvages, mais où un bois qui le surplombe a la reconnaissance de mon cœur, assez incompréhensiblement[1]. On reste presque toujours à mi-chemin entre un pays aimé qui nous attend et l'avenue de notre habitude, fade et non regardée !

Je me pose tant de fois cette question à moi-même, pourquoi sommes-nous si peu, si brièvement, avec ceux qui nous procurent bien-être et détente, repos de l'âme et plaisir de l'esprit ? Fine et pernicieuse contradiction, écume

1. Voir « Le Bois de l'Epte », déjà cité *supra*, note 1, p. 130.

de malédiction plus grave peut-être. Il faudra nous rejoindre plus longuement à la rentrée des vacances. Cher Albert. Luttons pour vaincre ce sort que nous ne voulons pas.

Je vais écrire à Heidegger pour lui proposer de le rencontrer dans un entretien privé[1]. Car je ne me sens aucune jambe pour aller à Cerisy...

Vous connaissez ma fuite éternelle devant cette espèce d'assemblée de délicats et de raseurs. Mes châteaux sont plutôt des faubourgs et mes interlocuteurs des simples (pas si simples). J'étouffe vite avec les vers-à-nylon dont les cocons sont ces palabres qui gardent l'odeur des pieds de Molière, intacte, en défi aux siècles.

Toute mon affection, cher Albert, et ma pensée fidèle.

Votre

René Char

P.S. J'envoie un mot poli à Mme Heurgon pour décliner son invitation. Ponge fera aussi bien l'affaire, sinon mieux, que moi !

Embrassez pour moi Catherine et Jean dont les jeux ont, j'espère, de l'espace et du gazon.

1. À l'occasion de son voyage en France, Heidegger avait exprimé à Jean Beaufret son désir de rencontrer René Char et Georges Braque. Jean Beaufret, qui hébergeait le couple Heidegger au début de son séjour parisien, organisera le dîner au cours duquel René Char et Martin Heidegger feront connaissance. Le « récit » de cette rencontre fut publié en 1963 dans le numéro de la revue *L'Arc* consacré à René Char, puis reproduit dans les *Œuvres complètes* de René Char (*op. cit.*, p. 1169 et suiv.). Martin Heidegger reviendra en France dans les années suivantes, à Aix-en-Provence en 1956 et 1957, puis à l'invitation de René Char à L'Isle-sur-la-Sorgue en 1966, 1968 et 1969. (Voir les « Séminaires du Thor », dans Martin Heidegger, *Questions*, IV, ainsi que le numéro hors série 9 du *Magazine littéraire* consacré à Heidegger, qui contient un texte de Jean Beaufret sur le séjour de Martin Heidegger en Vaucluse.) Heidegger dédiera la traduction française d'*Unterwegs zur Sprache* (*Acheminement vers la parole*) à René Char, qui sera touché par la référence à Camus que fait Heidegger dans l'épigraphe du livre, où il cite un passage de « L'Éternité à Lourmarin ».

116. — RENÉ CHAR À ALBERT CAMUS

L'Isle 24 oct. 55

Cher Albert,

J'ai quitté Paris assez brusquement pour venir ici régler des affaires[1]. J'aimerais savoir que vous abordez l'hiver sans trop de tracas. Moi je traîne toujours cette inflammation de gorge qui ne veut pas s'éteindre. Patientons.

On me sollicite de divers côtés pour faire partie d'un Comité pour protester contre la mobilisation du contingent et la guerre d'Afrique du Nord[2]. J'ai opposé un refus. Tout ces nobles sentiments, à mon avis, cachent un esprit de démission, de défaitisme, une lâcheté, un égoïsme, un abandon pareil à celui de Munich et de 1939-40. La gauche est la même que la droite de ce temps-là. Je n'accepte pas d'être manœuvré au nom des grands principes de 93 et d'être mêlé à un jeu infernal où les seuls gagnants sont les USA et l'URSS. Pas les pauvres Arabes certainement.

Je viens de répondre aux gens de la Protestation que le seul appel que je signerais en ce moment serait celui qui réclamerait *immédiatement* la Mobilisation générale contre Franco.

1. Après la disparition de la mère de René Char, ses enfants ne purent aboutir à un accord et le domaine familial des Névons fut finalement mis en vente aux enchères le 26 octobre 1955. René Char et sa sœur Julia ne purent acquérir la maison et le parc. Albert Char et Émilienne Moustrou, le frère et la sœur de René Char qui s'en rendirent propriétaires, sépareront le parc de la maison et le vendront à une société de HLM.

2. Ce « Comité d'Action contre la poursuite de la guerre en Afrique du Nord » est créé en novembre 1955. 250 intellectuels (artistes, philosophes, éducateurs) signent un appel « pour mettre fin en Afrique du Nord à une guerre qui est une menace contre la République en même temps qu'un crime contre le genre humain ». Robert Antelme en fut l'un des cofondateurs. Le 27 janvier 1956, le « Comité des intellectuels contre la poursuite de la guerre en Afrique du Nord » organise un grand meeting à la Mutualité auquel participent Jean-Paul Sartre, André Mandouze, Aimé Césaire. Sartre y préconise l'indépendance immédiate et « la lutte aux côtés du peuple algérien ».

Il y a peu de chance que je sois suivi !
À vous affectueusement et fraternellement.

René Char

117. — ALBERT CAMUS À RENÉ CHAR[1]

[*Paris*] 5 novembre 1955

Vous avez raison, mon cher René, et j'avais refusé aussi de signer ce manifeste délirant. J'ai dit simplement que je n'avais aucune confiance dans ceux qui en prenaient l'initiative. Le chemin de l'histoire, pour nous aujourd'hui, passe entre l'esprit d'injustice et l'esprit de démission. La France a oublié que la justice est une force, avant tout, que l'intelligence est rigoureuse ou n'est rien.

Athéna était armée et sur les murs d'Olympie elle est cette jeune fille robuste qui peut faire plier le taureau — non pas cette Jeanne d'Arc tombée dans une cuve de poudre de riz que le plus grand théâtre parisien nous a présentée, il y a peu.

Une fois de plus, les gens comme nous sont sur la corde raide, glissent sur la lame de l'épée. J'essaie, je m'épuise à définir les nuances dont j'ai besoin.

Hélas, sur le fond, et quant à la France, je suis aussi désespéré que vous. J'en viens à parler de la génération qui vient, suprême espoir de ceux qui se détournent. Mais il faut se vaincre aussi, sur ce point, et continuer jusqu'à ce que le mur devienne une porte, comme dit Emerson.

1. Enveloppe datée du 7 novembre 1955, adressée à L'Isle-sur-la-Sorgue, réexpédiée 4, rue de Chanaleilles (Paris 7e). Papier à en-tête de la NRF.

Une mauvaise santé chronique m'enlève aussi du courage. Sans compter le poids des êtres. Cette lettre serait bien négative, mon cher René, si l'amitié n'était toujours vivante. Reposez-vous, loin du cancer parisien, où j'étouffe. Avez-vous trouvé mon château ? Ma mère est malheureuse là-bas et je crois qu'il faudrait l'installer avec nous, dans un pays qui ressemble au sien, et où elle puisse échapper à la peur. Aidez-moi en ceci et faites-moi signe à votre retour. D'ici là, toute mon affection

A. C.

1956

118. — RENÉ CHAR À ALBERT CAMUS

Lundi soir [*mars 1956*]

Mon cher Albert,

Je suis passé tantôt au Palais des Sports retenir les places pour la Boxe jeudi. À part les populaires, il n'y avait plus que deux rings à... 4 000 francs la place. J'ai trouvé la moutarde un peu forte pour un match très moyen (Gavilan a été battu par Villemain il y a trois ans en Amérique) et je m'en suis retourné les mains vides. Ai-je bien ou mal fait ?

Je crois que le spectacle serait plus drôle et plus chaleureux une semaine où il y aurait un bon programme à Wagram. Je me tiens au courant.

Nous nous voyons bientôt n'est-ce pas ?

Très affectueusement

René Char

119. — RENÉ CHAR À ALBERT CAMUS

Lundi [*mars 1956*]

Cher Albert

Je vous transmets le billet que je viens de recevoir de notre hôte de l'autre jour[1].

Que dois-je répondre ? Ce que vous me direz.

Très affectueusement

René Char

PS — Ne vous empoisonnez pas avec ça, surtout, si vous avez décidé de n'arrêter un logis que pour octobre prochain. Cette vacance ici n'était certes pas prévue. Je suppose que dans les mois à venir, il y en aura d'autres !

120. — ALBERT CAMUS À RENÉ CHAR[2]

[*Paris*] mars 1956

Cher René,

Le studio, est-ce celui du rez-de-chaussée que vous me vantiez ? Cela me ferait hésiter[3]. Sinon je m'étais décidé à ne me loger qu'en septembre. Pourriez-vous me téléphoner à MIR 78.78. Je cuve une grippe rebelle.

1. L'auteur de ce mot peut être le comte de Tocqueville, auquel Camus louera un appartement dans l'immeuble de la rue de Chanaleilles, qu'il occupe à partir de mai 1956.
2. Sur papier à en-tête de la NRF.
3. Albert Camus cherche à s'installer pour travailler.

Voici mon manuscrit[1]. Votre avis, vous le savez, sera déterminant (le titre est provisoire).

Très affectueusement.

A. C.

121. — RENÉ CHAR À ALBERT CAMUS

Mercredi soir [*mai 1956*]

Cher Albert,

Allez-vous bien ?

C'est Ménard[2] qui rend compte de *La Chute* dans *Critique*. Ce sera peut-être moins intelligent que du Bataille, mais aura l'avantage d'être moins filandreux ! Les naïfs ne gênent pas l'élan d'une œuvre*...

Affectueusement,

R. C.

* ... Bien qu'elle puisse les renverser.

1. Il s'agit du manuscrit de *La Chute*. Albert Camus hésita longtemps sur le titre, qui fut finalement fixé par une suggestion de Roger Martin du Gard. Camus hésitait entre plusieurs titres comme *Le Cri, Le Pilori, Un puritain de notre temps, Le Miroir, L'Ordre du jour*.

2. Voir lettres n°s 49 (note 1), et 58, p. 68 et 78. L'article de Ménard, intitulé « D'un perpétuel débat : Albert Camus *La Chute* », fut publié dans le n° 110 de *Critique* de juillet 1956. René Ménard publiera, toujours dans *Critique*, en 1958, un autre article sur Camus intitulé « Albert Camus et la recherche d'une légitimité ».

122. — ALBERT CAMUS À RENÉ CHAR[1]

[*Paris*] vendredi 18 mai 1956

Cher René,

Je viens de relire *La bibliothèque est en feu*[2]. Vous n'avez jamais mieux ajusté l'un à l'autre une certaine liberté et un certain malheur. Ceux qui sont, jour après jour, affrontés à la « bouillie de fer » s'appuient sur vous, écoutent votre voix comme la leur. C'est vrai. Avant de vous connaître, je me passais de la poésie. Rien de ce qui paraissait ne me concernait. Depuis dix ans au contraire, j'ai en moi une place vide, un creux, que je ne remplis qu'en vous lisant, mais alors jusqu'au bord.

Qu'allons-nous devenir est une question qui n'a pas de sens. Nous sommes devenus. Je le sais en vous lisant. Nous avons seulement à fructifier, de nos propres fruits, quoique dans l'hiver. La question est seulement de savoir ce que la vie, ou du moins ce qu'il y a en elle d'adorable, va devenir. Cela seul suffit à faire souffrir. Mais si nous sommes malheureux, du moins nous ne sommes pas privés de vérité. Cela, je ne le saurais pas tout seul. Simplement, je le sais avec vous.

Très affectueusement.

A. C.

1. Enveloppe datée du 19 mai 1956, adressée au 4, rue de Chalaneilles (Paris 7e). Sur carte à en-tête « Albert Camus ».

2. *La bibliothèque est en feu* venait de paraître chez Louis Broder, avec une eau-forte de Georges Braque (*O.C.*, *op. cit.*, p. 375). Sur un exemplaire hors commerce sur papier vert, René Char inscrit cet envoi : « À Albert Camus, dans une affection continue et heureuse. R. C. »

123. — RENÉ CHAR À ALBERT CAMUS

Mardi soir [*Mai 1956*]

Cher Albert

Votre pensée de cet exemplaire à mon nom[1] me touche et m'émeut plus que je ne saurais vous dire : *ma bibliothèque sait*, qui brûle mais, de plaisir... merci-sur-toujours, aussi le meilleur.

Vous n'êtes pas bien à ce 3e étage[2], entouré de gens bruyants ? Il faut le dire. Bien sûr le 2e était mieux ou le rez-de-chaussée sans voisinage collant. Cela m'ennuie qu'on vous visite et qu'on vous importune. Pourquoi supporter d'être mal ? La vie en société forcée est une scie. Les individus sont de plus en plus infects. Ça promet pour les ans à venir, ce communisme qui est en train de tout sculpter chez lui comme chez les autres...

Hier j'ai espéré votre passage. Ne vous montrez pas si discret, Albert.

N'avez-vous besoin de rien que je puisse faire pour vous ?

Fraternellement

R. C.

1. L'exemplaire C de l'édition originale de *La Chute*, « imprimé spécialement pour Monsieur René Char », porte cette dédicace d'Albert Camus : « Avec la fidèle affection de son frère de planète Albert Camus. » Camus utilise aussi l'expression « compagnon de planète » dans la lettre n° 106, p. 128.

2. En mai-juin, Albert Camus s'installe dans un deux-pièces rue de Chanaleilles dans l'immeuble où habite René Char. Leur correspondance est moins fournie du fait de ce voisinage. Par ailleurs, de nombreuses lettres sont, à partir de cette date, des mots glissés sous la porte et ne portent souvent que la mention du jour. Pour une description de l'appartement de Camus, voir Herbert R. Lottman, *Albert Camus*, *op. cit.*, p. 588-589.

124. — RENÉ CHAR À ALBERT CAMUS

[*Paris*] Mardi [*juillet 1956*]

Mon cher Albert

Je suis — mon aspect physique — présentement comme un aïeul mal fagoté ! Depuis quelques jours, des rhumatismes assez violents et généralisés ont arrêté à peu près complètement le cours de mes occupations et de mes plaisirs. Cela pourrait être drôle, mais ne l'est pas. Aussi je ne puis envisager de venir ces jours prochains à L'Isle du moins tant que je resterai dans ce misérable état de marcheur réduit et courbaturé. J'en suis bien triste. Quand nous promènerons-nous ensemble, bon Dieu ! J'ai lu *L'Exil et le Royaume*[1] qui m'a fait oublier les ennuis. Je connaissais « La femme adultère » et « L'Esprit confus ». Tout l'ensemble vous exprime *au mieux*. La tenaille est flexible, « impitoyable », admirablement dessinée dans ses pouvoirs, dans ses formes ; les proies qu'elle presse et retient emplissent entièrement nos yeux. Aucun vide ni trou. Quel tisserand vous faites ! Cela bat dans la mémoire comme un tambour passeur de consignes, une histoire, des vies, et une géographie s'étalent là, irrécusables.

Pardon de m'exprimer d'une façon assez brouillonne. Vous recevrez ma joie malgré le teuf-teuf, cependant.

Mon affectueux souvenir à votre Maman.

Je pense souvent à elle, comment dire ? Sans le vouloir. C'est un Être qu'on n'oublie pas, que le cœur aime et admire.

Fraternellement à vous

R. C.

1. *L'Exil et le Royaume* paraît en mars 1957 aux Éditions Gallimard. René Char se souvenait que Camus avait longtemps hésité sur ce titre avant de le fixer. Voir aussi les lettres de Jean Grenier à propos de *L'Exil et le Royaume* dans Albert Camus et Jean Grenier, *Correspondance*, *op. cit.*, p. 206-207.

[*Deuxième lettre*]

Cher Albert,

On me communique cette lettre pour X. Je ne la lui envoie pas chez ses parents, car il est possible qu'elle ne veuille pas les mettre au courant de ceci. N'est-ce pas abuser de votre amitié que de vous demander de la lui remettre *en mains propres* ? X qui était en Italie a dû revenir à L'Isle[1] hier ou avant-hier.

Nous voilà encore dans la clandestinité !

Merci, cher Albert.

Tout affectueusement

R. C.

125. — ALBERT CAMUS À RENÉ CHAR[2]

[*Isle-sur-la-Sorgue,*] samedi 21 juillet [*1956*]

Cher René,

Je suis bien désolé de vous savoir perclus, pour vous, et pour moi qui espérais vous accueillir dans votre propre royaume. Les jours ne sont pas chauds, la campagne est fraîche, vous connaissez les soirs d'ici. Tant pis, ce sera pour une autre fois. Soignez-vous en tout cas, nous avons besoin de vos forces pour porter la pierre.

Je suis heureux que vous ayez aimé *L'Exil et le Royaume.*

1. Albert Camus séjourne pendant tout l'été au domaine de Palerme à L'Isle-sur-la-Sorgue avec toute sa famille. Sa mère et son frère sont aussi présents. Jean Grenier lui rend visite. Voir Jean Grenier, *Carnets 1944-1971*, *op. cit.*, p. 202-203, et Albert Camus, *Carnets*, III, *op. cit.*, p. 189-191.

2. Enveloppe datée de juillet 1956, adressée 4, rue de Chanaleilles (Paris 7e). Papier à en-tête de la NRF.

Plus je produis et moins je suis sûr. Sur le chemin où marche un artiste, la nuit tombe de plus en plus épaisse. Finalement, il meurt aveugle. Ma seule foi est que la lumière l'habite, au-dedans, et qu'il ne peut la voir, et qu'elle rayonne quand même. Mais comment en être sûr. C'est pourquoi il faut bien s'appuyer sur l'ami, quand il sait et comprend, et qu'il marche lui-même, du même pas.

Je vais contacter la jeune et malheureuse candidate. Discrétion assurée. Je rentrerai vers le 7[1] (à la fin du mois pour tout le monde) et nous nous promènerons du moins sous les murs des jardins épiscopaux. Ma mère part pour Alger le 5. Elle a vieilli et cela me serre le cœur. Mais elle est toujours ce qui ne change pas et qui survit à tout. Je suis heureux que vous l'aimiez aussi. Son visage s'est éclairé quand je lui ai transmis votre pensée ; elle non plus ne vous a pas oublié ni, comme elle dit, « que vous lui apportiez toujours quelque chose ».

À très bientôt, cher René. Redevenez *in gambe*. Je vous serre la main avec toute mon affection.

Albert Camus

Est-ce que cela vous ennuierait beaucoup de m'envoyer ici le manuscrit. J'ai modifié, par-ci par-là, et à la fin de la dernière nouvelle, où j'avais oublié d'indiquer le merci à la vie qu'il faut maintenant crier comme un défi. Et je dois envoyer à mon éditeur américain un texte complet pour la traduction. Pardonnez-moi de vous infliger cette corvée. Merci pour tout.

1. Albert Camus rentre à Paris pour diriger la mise en scène de *Requiem pour une nonne* d'après Faulkner.

126. — RENÉ CHAR À ALBERT CAMUS

Lundi [*27 juillet 56*]

Voici le *Royaume*, cher Albert. Il fait bon l'habiter celui-là. Je me réjouis de vous revoir bientôt. J'ai fait une courte promenade hier — la première — mais les os grinçaient et je tanguais ! L'humide tourne au-dessus de Paris. Trop d'autos encore. Mais quelques belles poitrines dans les corsages. Le désir tient la rue... Fraternellement

R. C.

P.S. J'ai remis à Mme Pinckert le dernier *Cahier d'Art* pour vous. Votre femme de ménage le déposera sur votre bureau.

Noté ce dimanche après une courte promenade Bd des Invalides (26 juillet 56) :

Au XXe siècle l'homme fut au plus bas. Les femmes étaient belles et se déplaçaient vite.

Le réel quelquefois désaltère l'espérance. C'est pourquoi contre toute attente l'espérance survit[1].

127. — RENÉ CHAR À ALBERT CAMUS

5 août [*1956*]

Mon cher Albert

Je passe quelques jours dans l'Eure. Vous allez revenir. Je viendrais aussi, au cours de mon séjour, et espère bien vous voir si vous êtes un peu sur la Chanaleilles...

1. Ces textes seront repris dans « Les Compagnons dans le jardin », *La bibliothèque est en feu* (*O.C.*, *op. cit.*, p. 381). Un lecteur familier peut entendre ici l'écho d'un passage de *Dehors la nuit est gouvernée*, texte de 1938 : « Un frigidaire est-ce que ça chavire / C'est irréprochable et caressé des femmes » (*ibid.*, p. 117).

Je vous téléphone ou m'enquiers auprès de Mme Pinckert de votre présence ou non ici.

Très affectueusement à vous

René Char

Je vous ai déposé le dernier *Cahier d'Art*. Vous le trouverez sur votre table, ainsi qu'*Hypnos Waking*[1], au cas où vous ne l'auriez pas reçu des USA.

128. — RENÉ CHAR À ALBERT CAMUS

Mercredi [*Septembre 1956*]

Cher Albert

J'ai essayé de vous atteindre au téléphone depuis plusieurs jours, le matin, pour prendre de vos nouvelles. Mais l'engin ne sonne pas libre. Je suppose que vous souhaitez n'être pas dérangé. Aussi ce mot.

Je me réjouis de l'accueil fait à *Requiem*[2] par les journaux qui provoquent des foules à se déplacer et à venir voir. Très affectueusement à vous cher Albert, toujours.

R. C.

1. Parue en 1956, *Hypnos Waking* est la première anthologie importante des poèmes de René Char publiée en anglais. Parmi les traducteurs, on peut noter les noms de William Carlos Williams et James Wright.

2. Après avoir assisté à une des représentations de *Requiem pour une nonne*, René Char dira à Catherine Sellers : « On dirait une pelote qui se déroule jusqu'au dernier fil et à la fin on se rend compte qu'elle est encore pleine. » Olivier Todd, *Albert Camus...*, *op. cit.*, p. 918.

129. — ALBERT CAMUS À RENÉ CHAR[1]

[*Paris*] dimanche [*septembre 56*]

Mon cher René,

Une mauvaise grippe s'ajoutant à la fatigue des dernières répétitions[2] m'a mis sur le flanc. Je n'arrive pas à dormir non plus et pour récupérer un peu le matin j'ai décroché mon téléphone ces jours-ci. Pardonnez-moi vos essais inutiles. Je vous ai appelé ce matin. Si vous aviez été libre, j'aurais eu le courage d'aller au Parc des Princes, cet après-midi. Seul, j'ai plutôt envie de rester couché et de lire. Pourtant, je voudrais respirer un peu.

Le *Requiem* est un succès[3], ce qui nous surprend tous, les acteurs et moi. Enfin, je me suis bien amusé à monter ça. C'est un beau et mystérieux métier. Appelez-moi, si vous le pouvez, entre onze heures et midi. Ou l'après-midi, chez Gallimard. Nous pourrions essayer d'aller à Meaux avant que vienne l'hiver. Votre ami, de tout cœur

A. C.

1. Papier à l'en-tête de la NRF.

2. Il s'agit des répétitions de *Requiem pour une nonne*, qui sera représenté au théâtre des Mathurins en même temps que publié en volume chez Gallimard.

3. Il y aura plus de six cents représentations. C'est un véritable succès qui fait aussi l'unanimité parmi les critiques.

130. — ALBERT CAMUS À RENÉ CHAR[1]

[*Paris,*] 30 octobre 1956

Cher René,

« La terre tourne » a dit Chepilov[2]. Oui, elle tourne, et la liberté est le soleil levant. Je garde ce tyran débotté, ces moustaches pleines de sang, en souvenir de nous, de notre long combat, fraternel. Le monde a bon goût, soudain !

Votre ami

A. C.

1. Papier à l'en-tête de la NRF.

2. René Char découpe la une de *France-Soir* du 30 octobre 1956 et la met sous enveloppe pour Camus. Le 23 octobre, le soulèvement de la Hongrie fait reculer un temps l'URSS. Le 30 octobre, les troupes soviétiques se retirent de Budapest. Nagy annonce la fin du parti unique et la préparation d'élections libres. Mais après un revirement du gouvernement soviétique, le 1er novembre les troupes soviétiques encerclent à nouveau Budapest. Le 3, le gouvernement demande l'aide de la communauté internationale, le 4 les troupes soviétiques attaquent à l'aube. Des milliers de réfugiés quittent le pays. La résistance hongroise se poursuivra malgré les déportations et les exécutions. Chepilov faisait partie de la vieille garde soviétique qui fut limogée par Khrouchtchev après que celui-ci eut condamné la bureaucratie et le culte de la personnalité sous Staline. Cependant Chepilov revint très vite aux affaires. Il fut notamment envoyé à Budapest aux premiers temps de l'insurrection. Ce 30 octobre, Albert Camus prend la parole à un meeting organisé en l'honneur de Salvador de Madariaga et fait aussi référence à « l'héroïque et bouleversante insurrection des étudiants et des ouvriers de Hongrie ».

La une et une illustration de *France-Soir* du 30 octobre 1956,
annotées par Char et adressées à Camus.

131. — RENÉ CHAR À ALBERT CAMUS

Vendredi [*novembre 1956*]

Cher Albert

Vous devez être là... Voulez-vous que nous déjeunions lundi ensemble ou dînions ? Si cela n'est pas possible pour vous, serrons-nous la main au moins quelques instants, le moment que vous voudrez.

J'ai eu des ennuis dentaires désagréables et fulgurants ces jours-ci. J'étais chez mon dentiste tous les matins. Peut-être m'avez-vous téléphoné...

À bientôt

Toute mon affection

R. C.

132. — RENÉ CHAR À ALBERT CAMUS

Mardi soir [*novembre 1956*]

Cher Albert

La maison de Comestibles est 51, rue de Bourgogne, Téléphone : Invalides 72-21 (Maison Ceriani). On porte le manger à domicile.

Ci-joint votre texte en anglais[1]. Le traducteur a une

1. Il s'agit du texte de présentation de l'œuvre de René Char qui sera repris pour l'édition de ses *Poèmes* dans l'édition allemande de 1959. Une traduction anglaise paraît dans un recueil d'articles réunis par James Wright, intitulé *René Char's Poetry*, publié en 1956 aux Éditions De Luca en Italie. Il rassemble des études de Maurice Blanchot, Georges Mounin, Gabriel Bounoure, Gaëtan Picon, René Ménard et James Wright. Le texte de Camus est évoqué dans une lettre de René Char à Albert Camus le 6 mai 1953 (lettre n° 81, p. 104). La traduction anglaise est de David Paul. Voir Albert Camus, *Œuvres complètes*, IV [*à paraître*].

réputation fort bonne. J'espère que vous ne serez pas déçu.

Ci-joint également un *Cahier GLM*[1] qui est paru aujourd'hui. Le poème de Hölderlin est admirable, n'est-ce pas ? Et les vers de Miguel Hernandez, *en espagnol*, sont déchirants.

Mon dentiste, au cas où vous désireriez en changer, s'appelle : Dr Y. Le Chanjour, 151 Boulevard Haussman, Téléphone Élysées 70-93 (2e étage). De ma part — simplement de la vôtre ! — il vous recevra sur-le-champ.

Mon affection

R. C.

133. — RENÉ CHAR À ALBERT CAMUS

10 novembre 56

Mon cher Albert,

Je suis *entièrement* d'accord avec la pensée, le sentiment et les termes de votre appel ce matin dans *Franc Tireur* en faveur de la Hongrie[2]. Je ne me suis pas associé avec le

1. Il s'agit du quatrième des *Cahiers GLM* de l'automne 1956, dans lequel sont publiés « En bleu adorable... » de Hölderlin, avec la traduction d'André du Bouchet, et trois poèmes de Miguel Hernandez : « Mère », « Serment de l'allégresse » et « Berceuse de l'oignon », avec la traduction de Guy Levis-Mano. Ce numéro contient aussi le texte de René Char sur Rimbaud qui sera publié en introduction aux *Œuvres complètes* de Rimbaud au Club français du livre. Repris dans *Recherche de la base et du sommet* (*O.C.*, *op. cit.*, p. 727), il sera à l'origine du vif échange avec Étiemble que conclura la publication par René Char du *Dernier Couac* chez GLM en 1958. On peut relire ce texte en regard du chapitre que consacre Camus à « Surréalisme et révolution » et à Rimbaud dans *L'Homme révolté*.

2. Le 8 novembre, Albert Camus avait reçu un télégramme d'un groupe d'écrivains réfugiés hongrois qui lui communiquaient l'appel lancé par les insurgés hongrois : « Poètes, écrivains, savants du monde entier. Les écrivains hongrois s'adressent à vous. Écoutez notre appel. Nous luttons sur les barricades

manifeste des intellectuels dits libres que j'ai lu dans le *Figaro littéraire*. D'ailleurs je n'approuve pas le ton, où toutes sortes de nuances détestables sont introduites, de ce rassemblement. Des petits chacals dont la volte-face n'est pas un rachat y font par trop de tapage... Je trouve haïssables certains mots de D[*enis*] de Rougemont, d'André Breton, etc. L'enfant de Marie-Emmanuelle est lourd, malgré sa légèreté pour mon estomac. Mais cela n'est rien : un défilé de mannequins criards est une insupportable exhibition alors que se consomme le Crime ! Et nos intellectuels ne courant aucun danger sont sans pudeur. Le communisme des ouvriers mérite examen et non condamnation par ceux-là mêmes qui ignorent la peine, l'injustice et le malheur. Ce sont les Soviets et les dirigeants staliniens français qu'il faut stigmatiser, ensuite la lâcheté des Nations unies dont « les affaires » passent avant tout et avant toute boucherie.

Avec vous de tout cœur,

René Char

---

pour la liberté de la patrie, pour celle de l'Europe et pour la dignité humaine. Nous mourrons. Mais que notre sacrifice ne soit pas vain. À l'heure suprême, au nom d'une nation massacrée, nous nous adressons à vous, Camus, Malraux, Mauriac, Russell, Jaspers, Einaudi, T. S. Eliot, Koestler, Madariaga, Jiménez, Kazantzákis, Lagerkvist, Laxness, Hesse et tant d'autres combattants de l'esprit... Agissez... » Cet appel parut dans *Franc-Tireur* le 9 et Camus le relaya au secrétaire des Nations unies dans le même journal le 10. Il poursuivra son engagement public le 23 novembre 1956 et dans un discours à la salle Wagram, le 15 mars 1957, puis en préfaçant le livre *La Vérité sur l'affaire Nagy* en 1958. « Ce que fut l'Espagne pour nous il y a vingt ans, la Hongrie le sera aujourd'hui », déclare-t-il salle Wagram. Le 12 novembre, *Franc-Tireur* publia une première liste de signataires à l'appel de Camus dans laquelle se trouve le nom de René Char.

134. — ALBERT CAMUS À RENÉ CHAR[1]

Dimanche 2 décembre [*1956*]

Cher René,

Voici le minimum des corrections indispensables. J'espère que ce David[2] ne s'est pas attaqué à vos textes. Goliath, une fois de plus, aurait été mis en morceaux. Enfin, il m'a donné l'idée de relire *La bibliothèque est en feu* et j'ai oublié la lumière avare de ce triste dimanche.

Affectueusement

A. C.

1957

135. — RENÉ CHAR À ALBERT CAMUS

Mercredi [*13 mars 1957*]

Cher Albert,

Je ne suis pas encore parti pour L'Isle car j'ai été plusieurs jours avec un rhumatisme dans le cou plus que tracassant. Et pour comble de guigne je me suis cassé, en dormant (!), deux dents sur le côté et devant ! Trêve de malheur et de disgrâce, je ne vous ai pas téléphoné car depuis quatre jours je vais chez le dentiste à des rendez-vous matinaux.

1. Papier à en-tête de la NRF.

2. Il s'agit de la traduction anglaise du texte de présentation de l'œuvre de René Char que Camus avait écrit pour une édition allemande des *Poèmes* (qui ne sera réalisée qu'en 1959), qui va être publiée dans *René Char's Poetry* en Italie. Voir *supra* la lettre de René Char à Albert Camus datée du 6 mai 1953, p. 104.

J'ai votre photo de Nietzsche[1] à vous rendre. Je la remets à la concierge pour vous. Merci. Elle m'a été d'un grand secours. À l'occasion faites-là rephotographier pour que je la place dans les archives secrètes de mon cœur. J'espère que vous allez bien.

Je vous vois quand vous aurez un midi ou un soir.

Affectueusement

R. C.

P.S. J'ai dû me brouiller définitivement avec Mounin[2]. Incurable coco...

[*René Char joint la copie dactylographiée de la lettre à Georges Mounin datée du 12 mars 1957 :*]

J'ai lu votre libelle attentivement, à plusieurs reprises, avec un malaise de l'âme, un dégoût sans cesse croissant. Cette chose est vraiment datée. Louis Curel vous aurait appelé « traître », Nouguier l'armurier vous eût foudroyé... Ils étaient, c'est vrai, l'un et l'autre, des hommes d'un temps avant celui-ci. Moi je vous juge avec plus de nuances, mais encore plus sévèrement. Cette manière de mettre en ruelles puantes ce qui n'a d'existence qu'en champ aéré, cette mesure irrespirable, votre insuffisance

1. Cette photographie est reproduite dans l'*Album Camus* préparé par Roger Grenier, Gallimard, 1982, « Album de la Pléiade », p. 257.

2. Georges Mounin avait publié en 1946 *Avez-vous lu Char ?*, chez Gallimard, dans la collection « Les Essais ». En 1957, Mounin fait paraître une étude intitulée « Situation présente de René Char » dans le numéro de juillet-août des *Temps modernes*, dans laquelle il émet des réserves qui provoquent la colère du poète. Ce texte est repris dans le volume intitulé *La Communication poétique* précédé d'*Avez-vous lu Char ?* que Mounin fait paraître chez Gallimard, dans la collection « Les Essais », en 1969, p. 197-222. Lors de la parution de l'article des *Temps modernes*, René Char avait écrit à René Ménard : « J'ai dû me séparer définitivement de Mounin, par trop salaud et tartuffe. » Voir Laurent Greilsamer, *L'Éclair au front...*, *op. cit.*, p. 328-331.

perfide, enfin cette façon amoureuse et benoîte de filtrer, pour mieux la retenir et la capter, la saleté éternelle, *je les connais*. Elles me font horreur. Mais je ne vous absoudrai plus cette fois. Dix ans de rumination vous ont conduit à cela... C'est fait. Et vous me libérez de vous. Quel bien !

136. — RENÉ CHAR À ALBERT CAMUS[1]

[*Mars 1957*]

Cher Albert

Voici la photo de Nietzsche ! C'est un extraordinaire document qui serre le cœur, dérisoire et merveilleux. C'est pour nos archives.

J'ai reçu une invitation à dîner de l'Ambassade de Suède pour lundi (en votre honneur). Qu'est-ce ? Vous connaissez ma terreur des hauts lieux. Mais j'irai si cela a votre agrément. Sinon je m'excuserai.

Merci encore pour l'autre soir. Vous avez exalté ces gaillards[2]. Les voilà gonflés ! C'est excellent pour les plumes des ailes de la poésie...

Toute mon affection

R. C.

1. Papier à en-tête de la rue de Chanaleilles.

2. René Char fait sans doute allusion au discours qu'Albert Camus a prononcé à la salle Wagram le 15 mars 1957 pour l'insurrection hongroise qui vit sous la répression et la tyrannie.

137. — ALBERT CAMUS À RENÉ CHAR[1]

Juin 1957

Cher René,

Les répétitions ne m'ont laissé aucun répit et le travail s'accélère[2]. Voici un petit témoignage de l'amitié fidèle, qui vous dira au moins que je ne vous oublie pas. J'ajoute le programme d'Angers. Si vous voulez toujours y venir, téléphonez à Suzanne Agnely, qui est sensible à votre charme, et vous aidera à régler les détails matériels.

Votre ami

A. C.

Olmedo vendredi 21, dimanche 23, mercredi 26, samedi 29
Caligula samedi 22, mardi 25, jeudi 27, dimanche 30

138. — ALBERT CAMUS À RENÉ CHAR[3]

15 juillet [*1957*]

Cher René,

J'aurais aimé vous voir avant mon départ mais votre téléphone ne répond pas et on me dit que vous êtes absent.

1. Sur papier à en-tête de la NRF.
2. En juin 1957, Albert Camus est à Angers pour s'assurer de la mise en scène de son adaptation du *Chevalier d'Olmedo* et de *Caligula*. Voir Herbert R. Lottman, *Albert Camus*, *op. cit.*, p. 604. À la fin du Festival d'Angers, Albert Camus note : « Festival d'Angers terminé. Fatigue heureuse ; la vie, la merveilleuse vie, son injustice, sa gloire, sa passion, ses luttes, la vie recommence encore. Force encore de tout aimer et de tout créer » (*Carnets*, III, *op. cit.*, p. 203).
3. Sur papier à en-tête de la NRF.

Je pars tout à l'heure et ne reviendrai que le 15 août. Je suis à Cordes, dans le Tarn[1]. Si vous étiez à Paris à la fin août, laissez-moi un mot, je vous prie, pour que nous puissions déjeuner ou dîner ensemble (je repars le 5 septembre). Vous savez que de loin ou de près je ne cesse d'être votre fraternel ami.

A. C.

139. — RENÉ CHAR À ALBERT CAMUS[2]

12 août 57

Cher Albert,

Je pars à mon tour jusqu'au 10 septembre environ. Je vais à Vézelay puis sans doute à Briançon puis à L'Isle.

Vous reviendrez, j'espère, avec de la campagne partout ; le meilleur vêtement qui soit. Moi je voudrais bien semer en route un point de douleur au talon qui persiste depuis de longs mois.

Je me réjouis de vous retrouver à la rentrée.

Affections

René Char

1. Albert Camus séjourna à plusieurs reprises à Cordes. Une ancienne collaboratrice d'Edmond Charlot, Claire Targuebayre, y avait ouvert un hôtel dans un manoir. En 1954, il avait préfacé le livre qu'elle avait consacré à Cordes-en-Albigeois avec un texte intitulé « L'Enchantement de Cordes ». En août, il écrit à Jean Grenier : « Je quitte Cordes demain, n'ayant rien fait, et d'assez méchante humeur à cause de ce temps perdu. [...] Mais je me suis reposé et suis en très bonne forme. » Albert Camus et Jean Grenier, *Correspondance*, *op. cit.*, p. 212.

2. Carte postale du musée du Petit Palais, Paris, représentant *Les Demoiselles des bords de Seine* de Gustave Courbet.

140. — RENÉ CHAR À ALBERT CAMUS[1]

Le 14 sept 57

Un peu, où êtes-vous, cher Albert ?

J'ai la sensation cruelle, tout à coup, de vous avoir perdu. Le Temps se fait en forme de hache.

À quand ?

Votre

René Char

141. — ALBERT CAMUS À RENÉ CHAR[2]

Sorel-Moussel (par Anet) 17 septembre 1957
Eure-et-Loir
30 à Sorel-Moussel[3]

Cher René,

Je suis en Normandie avec mes enfants, près de Paris en somme, et encore plus près de vous par le cœur. Le temps

1. Carte postale intitulée « Les Dernières Feuilles ».

2. Enveloppe datée du 18 septembre 1957, adressée 4, rue de Chanaleilles (Paris 7e). Au verso de l'enveloppe, la mention : « A. Camus. Chez Michel Gallimard ».

3. Dès son retour d'Angers, Albert Camus part avec ses enfants chez Michel Gallimard. Il est inquiet de son impossibilité à travailler et d'une sorte d'insensibilité qui le gagne. De Sorel-Moussel, il écrit à Jean Grenier : « Je suis résigné à tout rater de cet été où je me suis privé du midi et de ses plaisirs pour mieux travailler et où je n'ai rien fait qui vaille — découragé à ce point que je n'ose même plus me remettre devant une page blanche. Ne ferais-je pas mieux de tout lâcher, d'abandonner cet effort stérile qui depuis des années m'empêche d'être totalement heureux et abandonné nulle part, qui m'enlève aux autres, assez coupablement, et à une grande part de moi ? [...] Même une lettre me paraît difficile à écrire et vous me pardonnerez mon silence de cet été. » Albert Camus et Jean Grenier, *Correspondance*, *op. cit.*, p. 213.

ne sépare, il n'est lâche que pour les séparés — Sinon, il est fleuve, qui porte, du même mouvement. Nous nous ressemblons beaucoup et je sais qu'il arrive qu'on ait envie de « disparaître », de n'être rien en somme. Mais vous disparaîtriez pendant dix ans que vous retrouveriez en moi la même amitié, aussi jeune qu'il y a des années quand je vous ai découvert en même temps que votre œuvre. Et je ne sais pourquoi, j'ai le sentiment qu'il en est de même pour vous, à mon égard. Quoi qu'il en soit, je voudrais que vous vous sentiez toujours libre et d'une liberté confiante, avec moi.

Plus je vieillis et plus je trouve qu'on ne peut vivre qu'avec les êtres qui vous libèrent, qui vous aiment d'une affection aussi légère à porter que forte à éprouver. La vie d'aujourd'hui est trop dure, trop amère, trop anémiante, pour qu'on subisse encore de nouvelles servitudes, venues de qui on aime. À la fin, on mourrait de chagrin, littéralement. Et il faut que nous vivions, que nous trouvions les mots, l'élan, la réflexion qui fondent une joie, la joie. Mais c'est ainsi que je suis votre ami, j'aime votre bonheur, votre liberté, votre aventure en un mot, et je voudrais être pour vous le compagnon dont on est sûr, toujours.

Je rentre dans une semaine. Je n'ai rien fait pendant cet été, sur lequel je comptais beaucoup, pourtant. Et cette stérilité, cette insensibilité subite et durable m'affectent beaucoup. Si vous êtes libre à la fin de la semaine prochaine (jeudi ou vendredi, le temps de me retourner) déjeunons ou dînons. Un mot dans ma boîte et ce sera convenu. Je me réjouis du fond du cœur, de vous revoir. Votre ami

Albert Camus

Triste Normandie ! Sage, médiocre et bien peignée. Et puis un été de limaces. Je meurs de soif, privé de lumière [*écrit dans la marge gauche de la lettre*].

Chez Michel Gallimard
à Sorel-Moussel
Eure-et-Loir

142. — RENÉ CHAR À ALBERT CAMUS

Jeudi [*septembre 1957*]

Cher Albert,

Merci pour votre *présence* réclamée comme un verre d'eau pure, un matin d'extrême désert. Je ne regrette pas mon « télégramme ». Nous pouvons, l'un vis-à-vis de l'autre, emprunter la forme urgente, n'est-ce pas à certains moments ? Ils sont en si petit nombre ceux que nous aimons réellement et sans réserve, qui nous manquent et à qui nous savons manquer parfois, mystérieusement, si bien que les deux sensations, celle en soi et celle qu'on perçoit chez l'autre apportent même élancement et même souci...

Nous pourrons, à votre arrivée, déjeuner le jour que vous voudrez ensemble. Vous n'aurez qu'à le fixer. Je me garde libre.

J'ai un téléphone personnel. En voici le numéro : *Invalides 60 — 93*.

Cher Albert vous avez toute mon affection constante

René Char

PS — J'ose à peine vous envoyer le seul mauvais petit fruit de cet été pourri. Je mets un peu de couleur à la rose, cependant...

143. — RENÉ CHAR À ALBERT CAMUS

Jeudi [*17 octobre 1957*]

Mon cher Albert,

J'espère, je crois que l'on ne nous dit pas ce qui ne sera pas. Donc cette assurance dans la presse m'incite déjà sans réserve à me réjouir et à trouver ce jeudi 17 octobre 1957 le meilleur, le plus éclairé, oui le meilleur jour depuis longtemps pour moi entre tant de jours désespérants[1].

Je vous prie d'accepter, en souvenir d'aujourd'hui, cette petite boîte qui me sauva la vie jadis dans le Maquis et que j'ai conservée comme une relique vraiment intime.

Je vous presse la main fort, affectueusement, fraternellement,

René Char

144. — RENÉ CHAR À ALBERT CAMUS

Samedi soir [*19 octobre 1957*]

Cher Albert,

Vous venez à bout, j'espère, du mauvais rhume qui vous malmenait ce matin[2]. Pour moi qui suis à dix mètres de

1. Le prix Nobel de littérature vient d'être décerné à Albert Camus. Le même jour, il inscrit dans ses *Carnets* (III, *op. cit.*, p. 214) : « Nobel. Étrange sentiment d'accablement et de mélancolie. À vingt ans, pauvre, et nu, j'ai connu la vraie gloire. Ma mère. » À l'annonce du Nobel, René Char laissa éclater sa joie, notamment en l'annonçant lui-même aux amis vauclusiens, les Mathieu et les Roux.

2. Dès la nouvelle du Nobel connue, les attaques fusent de toutes parts. Albert Camus note à la date du 19 octobre : « Effrayé par ce qui m'arrive et que je n'ai pas demandé. Et pour tout arranger attaques si basses que j'en ai le cœur serré. Rebatet ose parler de ma nostalgie de commander des pelotons d'exécution alors qu'il est un de ceux dont j'ai demandé, avec d'autres écrivains de la Résis-

vous, c'est simple de faire ou de vous porter quelque chose. Usez de votre ami, je vous en prie. De plus j'ai été infirmier autrefois. Ceci n'est pas pour vous tenter, mais enfin j'ai mes certificats...

Voici le petit texte[1]. Vous ne le lirez pas, je crois, dans le *Figaro littéraire*, aucune lettre n'étant venue après la proposition de Rousseaux[2]... J'ai téléphoné à ce dernier hier au soir et j'ai pu l'obtenir. Il doit demander des éclaircissements à Noël[3] lundi. Mais pour moi, c'est clair !

De toute façon ce texte est à vous, quoique peu digne de vous. Cela viendra : j'accumule. Mais comment jamais être satisfait ? Il faut être mort pour l'être ; et cela viendra aussi.

De tout cœur à vous.

R. C.

---

tance, la grâce quand il fut condamné à mort. Il a été gracié, mais il ne me fait pas grâce. Envie à nouveau de quitter ce pays. Mais pour où ? » (*Carnets*, III, p. 214).

1. Cette lettre accompagne le manuscrit du texte « Je veux parler d'un ami », qui paraîtra dans le *Figaro littéraire* du 26 octobre 1957. Il sera repris dans *Recherche de la base et du sommet* (*O.C.*, *op. cit.*, p. 713). Voir *infra*, annexe 1, p. 205.

2. Sur André Rousseaux, voir lettre n° 57, p. 77, note 2.

3. Maurice Noël est rédacteur en chef du *Figaro* et responsable des pages littéraires du journal.

145. — ALBERT CAMUS À RENÉ CHAR[1]

Grand Hôtel [*Stockholm, 15 décembre 1957*]

Une pensée pour vous, cher René, et le récit de mes aventures pour bientôt[2].

Fraternellement,

Albert Camus

1958

146. — RENÉ CHAR À ALBERT CAMUS

1er janvier 58

De cœur avec vous, cher Albert, chaque jour de l'année.

René Char

1. Carte postale adressée par avion depuis Stockholm, datée du 15 décembre 1957, et adressée 4, rue de Chanaleilles (Paris 7e).

2. Dans une carte postale à Jean Grenier, datée du 13 décembre, Albert Camus écrit : « La corrida se termine tout à l'heure, le taureau étant mort, ou presque. Affections. A.C. » Albert Camus et Jean Grenier, *Correspondance*, *op. cit.*, p. 216. *Discours de Suède* sera dédié à Louis Germain, l'instituteur de Camus à Alger. Celui-ci inscrira en dédicace sur l'exemplaire de René Char : « Pour vous, cher René, qui parliez en même temps que moi. Fraternellement, Albert Camus. »

147. — ALBERT CAMUS À RENÉ CHAR[1]

1er janvier 58

Cher René,

Je vais mieux, ne soyez pas inquiet[2]. Mais votre lettre m'a été chaleureuse. Appuyé sur les médecins que j'ai vus, je vais prendre des mesures pour retrouver détente et gaie science. Je vous envoie en même temps deux petits signes d'amitié.

Fraternellement

A. C.

148. — RENÉ CHAR À ALBERT CAMUS

2 janvier 58

Cher Albert,

Voici pour vous les deux plus vieux manuscrits que je possède. L'un est une note demeurée inédite[3], l'autre un poème de *Fureur et mystère* dans sa version retenue.

1. Papier à en-tête « Albert Camus ».

2. Au cours de son séjour à Stockholm puis après son retour, Albert Camus souffrit de fortes crises d'angoisse et d'étouffement. Il note, le 29 décembre : « 15 heures. Nouvelle crise panique [...]. Pendant quelques minutes sensation de folie totale. Ensuite épuisement et tremblements. Calmants. J'écris ceci une heure après [...]. 1er janvier. Anxiété redoublée. Janvier-mars. Les grandes crises ont disparu. Sourde et constante anxiété seulement » (*Carnets*, III, *op. cit.*, p. 215).

3. Il s'agit d'une note sur le pacte germano-soviétique : « Le pacte Germano-Soviétique (de 1939 [*biffé*]), en anesthésiant le morceau le meilleur de la nation française (la classe ouvrière), avait ôté aux cyniques hésitation et crainte. Ce pacte injustifiable si finement tissé pourrait bien être le péché originel de l'Église communiste. Il est la faute, le ver dans le "bonheur" à naître. On peut y voir surtout la marque d'une fatalité maligne, la même dont on entrevoit périodiquement l'intervention au cours des événements capitaux de l'Histoire, comme si elle avait pour mission d'interdire tout changement autre que superficiel de la condition profonde des hommes ? / Mais je m'empresse d'ajouter que la main

Vous m'avez beaucoup trop gâté pour ce 1er janvier !
Fraternellement

R. C.

149. — RENÉ CHAR À ALBERT CAMUS[1]

24 février 58

Vous avez les pensées et les amitiés de tout le monde ici. De mon côté, du côté de ma famille, ce que j'ai trouvé n'est pas beau, ni bien rassurant. Arthur Charmasson, le brave Arthur, a dû être amputé du pied gauche, à la suite d'un accident. Cela m'a bouleversé[2]. Cette bonne bête des bois tout à coup mutilée...

Comment allez-vous ?

Fraternellement

R. Char

---

du Dieu qu'on me propose ne parvient pas à m'enlever. "Tu garderas en entier hors de courtes accalmies ton mal-être. Il ne sera pas fait un sort heureux à ton angoisse. Sois dans les limites de ta vie. Tout de même, espère plus que tu ne crois. Ne t'endors que pour réparer tes forces et rafraîchir ton endurance. Qui sait ?" / R.C. / Note inédite (1945 ou 1946). » Le poème est une version très travaillée d'« À une ferveur belliqueuse » (*O.C.*, *op. cit.*, p. 277). Une version recopiée, offerte elle aussi à Albert Camus, porte la précision : « Poème perdu en 1943, reconstitué de mémoire. »

1. Carte postale « Le Partage des eaux à L'Isle-sur-la-Sorgue ».

2. Dans une lettre à Jacques Dupin, René Char écrit : « Une dure épreuve m'attendait à L'Isle. Hier le docteur Roux et moi avons dû transporter Arthur tout sanglant à Cavaillon — en clinique : oui — à la suite d'un absurde accident (une énorme branche de platane devant sa maison s'est abattue sur lui et lui a coupé la jambe — on espère toutefois la sauver). Mon vieux compagnon, alors que je l'avais couvert de mon sang sous l'Occupation quand il me prit dans ses bras après mon accident et me porta à travers les Allemands présents qui me cherchaient, et me sauva, mon vieux compagnon, je l'ai porté dans mes bras à mon tour. [...] Ce genre d'épreuve est terrible. Arthur durant le trajet de L'Isle à Cavaillon ne cessait de me répéter : "René, fais un miracle." Ne souris pas, Jacques — c'est cela la fraternité, la confiance en l'homme, cette croyance de

150. — ALBERT CAMUS À RENÉ CHAR[1]

[*Paris*] 3 mars 58

Cher René,

Quelle triste nouvelle ! Je pense à cet homme, si plein de poids, si « vertical » — et cette atteinte à sa force ! Comme il doit être triste ! Dites-lui beaucoup d'affections de ma part. J'espère que votre sœur va mieux, en tout cas. Profitez de notre lumière. Moi, j'en rêve et n'ai même pas la force de m'y rendre. Étrange, cette espèce de ravage monotone qui m'éprouve depuis des mois !

Je pense du moins, seul ici, aux choses et aux êtres que j'aime — et qui m'aident. Je pense à notre amitié, et à vous, fidèlement.

A. C.

---

bête naïve, dans les cas extrêmes. Je suis bouleversé. » Voir Laurent Greilsamer, *L'Éclair au front…*, *op. cit.*, p. 325. René Char écrit à propos d'Arthur Charmasson dans les *Feuillets d'Hypnos* : « Arthur le Fol, après les tâtonnements du début, participe maintenant, de toute sa forte nature décidée, à nos jeux de hasard. Sa fringale d'action doit se satisfaire de la tâche précise que je lui assigne. Il obéit et se limite, par crainte d'être tancé ! Sans cela, Dieu sait dans quel guêpier final sa bravoure le ferait glisser ! Fidèle Arthur, comme un soldat de l'ancien temps ! » (*O.C.*, *op. cit.*, p. 177).

1. Enveloppe à l'en-tête de la Librairie Gallimard, datée du 5 mars 1958, adressée depuis Paris à L'Isle-sur-la-Sorgue. Papier à en-tête « Albert Camus ».

151. — RENÉ CHAR À ALBERT CAMUS[1]

L'Isle-sur-la-Sorgue vendredi 29/8/58

Cher Albert,

Je suis allé voir la maison de Cabrières[2]. Vous y aurez une paix naturelle royale. Nous vous attendons et nous réjouissons.

Affectueusement

René Char

Hôtel St Martin
L'Isle

152. — RENÉ CHAR À ALBERT CAMUS

[*Paris*] 19 septembre 1958

Cher Albert, cette maison est borgne sans vous ! La rue de Chanaleilles a retrouvé son eczéma automobile et ses grognards matinaux. Les dieux fassent que septembre soit beau pour vous. Un temps d'abeille voilà mon souhait ! Mais vous me manquez !

Fraternellement

René Char

1. Enveloppe datée du 29 août 1958.

2. Albert Camus loua une maison à Cabrières-d'Avignon, près de L'Isle-sur-la-Sorgue, qui devait servir de base pour explorer la région afin de trouver enfin une maison à acheter. Voir Herbert R. Lottman, *Albert Camus*, *op. cit.*, p. 642. Albert Camus arrive à L'Isle-sur-la-Sorgue le 2 septembre : « Le 3, écrit-il, grande promenade avec R.C. sur la route des crêtes du Luberon. La violente lumière, l'espace infini me transportent. À nouveau je voudrais vivre ici, trouver la maison qui me convient, me fixer un peu enfin » (*Carnets*, III, *op. cit.*, p. 258).

153. — ALBERT CAMUS À RENÉ CHAR[1]

25 septembre 58

Cher René,

De retour sous le manteau de Sauvecanne, pour un jour. Je rentre et serai sans doute dimanche à Paris. Le Vaucluse était moins vivant sans vous. Heureusement, il y a l'île des Camphoux[2]. J'ai acheté une maison à Lourmarin[3], elle est jolie, et elle est à vous. Je vous en parlerai. Ce mot était pour vous annoncer mon retour et vous dire ma constante, ma chaleureuse affection.

Albert

J'espère que vous me donnerez de bonnes nouvelles de Maryse.

1. Enveloppe datée du 29 septembre 1958 à L'Isle-sur-la-Sorgue, adressée 4, rue de Chanaleilles (Paris 7e).

2. Le domaine des Camphoux, à Lagnes, près de L'Isle-sur-la-Sorgue, est la maison de Fernand et Marcelle Mathieu.

3. Le même jour, Albert Camus, de L'Isle-sur-la-Sorgue, écrit à Jean Grenier : « Il m'a fallu rester pour me décider à acheter une maison dans le Vaucluse. J'ai trouvé quelque chose à Lourmarin (je mets mes pas dans les vôtres). Après réflexion, j'ai acheté cette jolie maison » (Albert Camus et Jean Grenier, *Correspondance*, *op. cit.*, p. 225).

154. — ALBERT CAMUS À RENÉ CHAR[1]

[*L'Isle-sur-la-Sorgue, 23 octobre 58*]

Cher René,

Je rentre bientôt[2]. Votre pays était très beau, nettoyé de mistral, clair et mystérieux. Et je vous rencontre sur toutes les routes. Votre ami

A. C.

Le soir — la grande et bonne nouvelle sur Pasternak[3] ! Nous voilà réunis encore, vous et moi, dans une joie d'amitié.

155. — RENÉ CHAR À ALBERT CAMUS

Jeudi soir [*novembre 1958*]

Cher Albert

Saint-John Perse[4] vient de me téléphoner pour nous prier à déjeuner avec lui. Il propose : dimanche, lundi, mardi,

1. Carte postale. Enveloppe adressée 4, rue de Chanaleilles (Paris 7e).
2. Albert Camus séjourne dans le Vaucluse du 17 au 26 octobre pour régler l'achat de la maison de Lourmarin (voir *Carnets*, III, *op. cit.*, p. 259-260).
3. Boris Pasternak venait d'obtenir le prix Nobel de littérature qui lui vaudra malheur et persécution. Déjà, le 6 mai 1958, Pasternak écrivait à Char : « [...] je continue à être diffamé comme coupable de trahison par nos leaders littéraires (et cela implique toujours une menace réelle ; il faudrait en faire sentir la vilenie aux "libres penseurs" du genre Louis Ar[*agon*]). » Il sera contraint de refuser le Nobel et mourra deux ans plus tard.
4. En 1949, René Char écrivait à propos de la poésie de Saint-John Perse : « La poésie de Saint-John Perse forme un tout profond et accompli avec une vérité que je ne cesse pas d'espérer et qui tarde à me parvenir » (*O.C.*, *op. cit.*, p. 1305). Dans une lettre du 22 janvier 1960, René Char écrit à Saint-John Perse : « Camus était un homme bon et profond par la grâce de cette bonté, d'une absolue clarté dans l'amitié, sans vraie glace intellectuelle, pudique, proche, sous toutes sortes d'enjouements, de ceux privés d'humeurs souveraines. En bref, voici l'homme auquel on s'attachait. » Voir Laurent Greilsamer, *L'Éclair au front...*, *op. cit.*, p. 345.

ou jeudi. J'ai dit que je n'étais pas sûr de vous atteindre, car vous étiez très pris par la pièce[1] que vous prépariez et peut-être pas à Paris, etc. Ceci vous m'excuserez étant la vérité. J'imagine le train de vos journées : merci de me dire vite ma conduite, car je dois le pneumatiser rapidement notre gentil poète.

Affectueusement

R. C.

156. — RENÉ CHAR À ALBERT CAMUS

[*Novembre 1958*]

Cher Albert

C'est d'accord pour déjeuner ensemble avec St John Perse[2] samedi prochain. Réunion entre 12 h 30 et 1 heure à mon appartement. (Il y aura, je crois, Madame Perse*).

Affection

R. C.

* Américaine simple et charmante.

1. Albert Camus travaille sur l'adaptation des *Démons* de Dostoïevski, qui deviendra *Les Possédés*.

2. Ce déjeuner eut lieu le samedi 22 novembre 1958, comme Camus le note dans ses *Carnets* (III, *op. cit.*, p. 260).

1959

157. — RENÉ CHAR À ALBERT CAMUS

[*29 janvier 1959*]

Cher Albert

Je ne verrai *Les Possédés*[1] qu'à mon retour, mais je serai avec vous de cœur, d'aplomb et de pensée ce 29 janvier.

Voici la carte d'invitation que je vous rends. Vous m'avez bien manqué toutes ces semaines. Je m'amusais à croire que vous étiez en Russie ; pour me consoler, invisible et souverain mais souvent au bord des larmes.

À cet instant le jeu se volatilisait.

Affectueusement

R. C.

158. — ALBERT CAMUS À RENÉ CHAR[2]

18 mars 1959

Cher René,

Je veux vous rassurer tout de suite sur Catherine. Elle a fait un rhumatisme infectieux aigu qui a été très efficacement jugulé à la cortisone et à la pénicilline. À l'heure actuelle, elle n'a plus de fièvre et le dramatique de l'histoire est terminé. Il reste l'ennuyeux : elle doit garder le lit

1. René Char verra *Les Possédés* lors de la cinquantième représentation. La première eut lieu le 30 janvier 1959.

2. Sur papier à en-tête de la NRF.

au moins pendant deux semaines encore, puis rester plusieurs semaines en convalescence surveillée. Enfin, elle devra suivre pendant plusieurs mois un traitement qui la mettra à l'abri d'une rechute dangereuse. Il est vrai que j'ai été bien inquiet — et que je n'aime pas voir souffrir cette enfant que je chéris particulièrement, vous le savez. Mais vraiment, je n'ai plus du tout d'inquiétude et j'essaie seulement de lui rendre agréables ces journées d'oisiveté, où sa vitalité naturelle s'empêtre.

Votre affectueuse inquiétude m'a bien touché. Je fais mieux, croyez-le, que de distinguer votre amitié. Je n'aime, avec mes enfants[1], que peu d'êtres avec tout le cœur. Mon affection pour vous, si elle essaie toujours de n'être pas pesante, n'est pas distraite, ni capricieuse. Je sais que nous nous ressemblons dans nos silences aussi, et dans nos absences — et aussi dans cette sorte de malheur que nous buvons à même les jours et contre lequel il devient si difficile, si épuisant, de lutter, quand la jeunesse s'éloigne, et avec elle la force d'insolence ou d'indifférence.

Oui, je suis fatigué en ce moment, je vous l'avoue. Mais pas assez pour oublier d'aimer ceux que j'aime sans restriction. Merci, merci encore, mon cher René, pour ma Catherine[2], et croyez à ma fraternelle amitié.

Albert Camus

1. Dans ses *Carnets*, à la date du 18 mars, Albert Camus note : « Maladie de Catherine. Je suspends mon départ dans le Midi. Le cœur serré. »

2. Catherine Camus remerciera René Char pour l'envoi d'un poème pour elle seule : « Catherine petite fille, le plaisir de te regarder est si grand que j'en suis émerveillé, même si L'Isle n'est plus L'Isle et quand mes yeux seraient blessés. » Elle écrit le 1er avril à René Char : « Cher René, Je vous remercie beaucoup pour votre joli poème que je garde près de mon lit. Je vais bien mais le docteur veut que je reste encore au lit. J'espère vous revoir bientôt et en attendant je vous embrasse très fort. Catherine. »

159. — ALBERT CAMUS À RENÉ CHAR[1]

30 mai [*avril*] 1959[2]

Cher René,

Je vous ai téléphoné plusieurs fois de vendredi à dimanche sans avoir la chance de vous joindre. Comme je partais le lundi soir et que, pendant toute la journée, j'avais une émission télévisée[3], j'espérais pouvoir déjeuner avec vous samedi ou dimanche. Ce sera pour une autre fois.

Je vous écris seulement pour vous rappeler que, si votre mal vous laisse aller jusqu'à l'Isle, j'aimerais bien que vous veniez goûter de cette maison qui sera la vôtre quand vous voudrez, que je sois là ou non. Si vous venez, téléphonez en tout cas au 38 à Lourmarin et j'irai vous chercher. Je compte rester ici (sauf peut-être 2 jours à Pentecôte) jusqu'à la fin mai.

Il a plu pendant deux jours mais ce matin le mistral s'est levé, il remplit la nuit en ce moment, et fait place nette pour le soleil. Vous avez dû recevoir un exemplaire choisi pour vous des *Possédés*. Je pense à vous, très affectueusement

Albert Camus

1. Enveloppe datée de 1959, adressée depuis Lourmarin au 4, rue de Chanaleilles (Paris 7e). Papier à en-tête « Albert Camus ».

2. Il pourrait y avoir ici une erreur de date. La lecture de la lettre peut laisser penser qu'il s'agit plutôt du 30 avril. Par ailleurs, la publication des *Possédés*, à laquelle Camus fait référence, date d'avril.

3. En avril, Albert Camus enregistra l'émission « Gros plan » qui fut diffusée à la télévision française le 12 mai 1959. Le texte fut publié sous le titre « Pourquoi je fais du théâtre ».

160. — RENÉ CHAR À ALBERT CAMUS

Mardi [*mai 1959*]

Mon cher Albert

Je me suis réjoui d'apprendre que l'horizon de Lourmarin avait succédé dans vos yeux à celui des murs de la rue de Chanaleilles. Si ces démoniaques rhumatismes me le permettaient, sans risque d'encombrer ou d'alerter par trop le cœur de mes amis, je serais à L'Isle déjà depuis longtemps. Mais comment ne pas hésiter à se mettre en route quand, d'un instant à l'autre, je me trouve réduit à n'être qu'un courbé, qu'un boiteux, qu'un immobilisé douloureux ! Je ne vous raconte cela que pour éclaircir mon absence et ma distance. Mais comme écrivait quelqu'un : « Nous aimons mal, nous pensons bien, nous aimons mieux, mais nous nous connaissons, rien ne peut nous séparer[1]. » Vous et moi.

J'espère que Catherine se remet bien. (J'ai téléphoné à plusieurs reprises rue Madame, mais on ne répond pas.) Avez-vous de bonnes nouvelles de votre mère[2] ? Merci pour les deux livres des *Possédés*. Je vous ai mal exprimé mon admiration pour votre extraordinaire pièce. C'est brûlant comme un fer rouge, durable comme un cours d'eau fameux. La grâce et l'horreur y dessinent là des portraits inoubliables. La gravure n'est jamais bue par la nuit infâme.

1. Citation de mémoire d'une dédicace de Paul Eluard à René Char, figurant sur un exemplaire de *La Vie immédiate* (catalogue de la vente Pierre Leroy, Sotheby's, lot n° 193, p. 131) : « Pour René / son frère, Paul Eluard » : « Nous vivons mal, nous pensons bien, nous aimons mieux. Mais nous nous connaissons, rien ne peut nous séparer. »

2. Au mois de mars, Albert Camus avait été appelé en Algérie au chevet de sa mère qui venait d'être opérée.

(Plus trace, grâce à vous, d'épilepsie, la chose y gagne le génie seul pour l'auteur et [*illisible*] le mal chez St[*avroguine*] probable, par contre.) Reposez-vous, cher Albert. Le Luberon est bon père nourricier. J'aimerais bien le parcourir de nouveau avec vous. Cela sera, je me tiendrai debout, je veux, bientôt et marcherai sur les bonnes pierres, à vos côtés[1]. Toute mon affection.

R. Char

161. — ALBERT CAMUS À RENÉ CHAR[2]

[*19 mai 1959*]

Cher René,

Merci, mille fois, pour ce beau poème[3]. Je vous regrette tous les jours ici et je rentre, hélas, dans une dizaine. Du moins, et si vous le voulez bien, nous ferons un repas d'amitié.

À vous, très affectueusement

Albert Camus

1. René Char parlera souvent de Camus en évoquant ces grandes promenades sur les cimes du Luberon. Dans ses *Carnets*, Jean Grenier note le 15 mars une visite de l'appartement de Camus avec Char et Francine Camus. Celle-ci « donne à choisir à Char et à moi des objets personnels : Char prend un caillou du Luberon sur lequel est marquée une date ». Jean Grenier, *Carnets 1944-1971*, *op. cit.*, p. 309.

2. Carte postale datée du 19 mai 1959, adressée depuis Lourmarin au 4, rue de Chanaleilles (Paris 7e).

3. On peut supposer qu'il s'agit ici de *La Faux relevée* publiée chez PAB en mai 1959 (René Char, *O.C.*, *op. cit.*, p. 402). Quand Albert Camus quittera Lourmarin en janvier, il laissera ce texte ouvert sur sa table de travail.

162. — RENÉ CHAR À ALBERT CAMUS

Lundi [*juin 1959*]

Mon cher Albert

Un bibliophile ami[1] a acheté ceci avec quelques documents de vous provenant d'un « lot Autrand ». Il me demande de lui préciser la date et l'objet de votre texte. Je me souviens bien que cela fut dit par vous lors d'une émission Barrault, mais je suis incapable de lui indiquer l'année. Vous en souviendriez-vous par hasard ? Pardon de vous mettre à contribution. Et à bientôt, quand vous voudrez. Je partirai pour L'Isle à la fin du mois.

Affectueusement

R. C.

163. — ALBERT CAMUS À RENÉ CHAR[2]

Mardi 23 juin 1959

Cher René,

C'était l'année de *L'État de siège*, donc 1948, après vérification. Ce qui ne nous rajeunit pas !

Pourrions-nous déjeuner lundi ? Si oui, un simple mot*.

Votre ami.

A. C.[3]

* Ou appelez-moi le matin. Merci.

1. Jean Hugues avait acheté des documents relatifs à la présentation de René Char par Albert Camus à la radio, en 1948, dans l'émission de la compagnie Renaud-Barrault « Ce soir le rideau se lève... ». Voir le catalogue de la vente Pierre Leroy (Sotheby's, 26 juin 2002), ainsi qu'Albert Camus, *O.C.*, II, *op. cit.*, p. 764, et *infra*, annexe 1, p. 197.
2. Papier à en-tête de la NRF.
3. Le 25 juin, René Char écrit à Jean Hugues : « Cher ami, voici le mot que

164. — RENÉ CHAR À ALBERT CAMUS

Jeudi [*25 juin 1959*]

Cher Albert
Oui, lundi, déjeunons ensemble.
Je vous attends à partir de 12 h 30.
Venez quand vous voulez.
À Lundi. Affection

R. C.

Merci pour le renseignement demandé 1948-1959. Mais c'est toujours *L'État de siège*... mais aussi notre Amitié.

165. — ALBERT CAMUS À RENÉ CHAR[1]

16 août 1959

Mon cher René,

Voilà une semaine que je suis ici et que je m'efforce en vain de me tirer une activité quelconque[2]. J'espère que lorsque j'aurais bu assez de la royale lumière qui inonde tout en ce moment je pourrai de nouveau me mettre en marche.

Je voulais vous voir avant de partir et puis ça a été ma

---

m'envoie Camus en réponse à la question posée. Merci de m'avoir communiqué ce texte dont l'amitié, la pensée m'avaient beaucoup touché, à l'époque. Il fut dit à la radio un dimanche après-midi, au cours d'une émission que Barrault m'avait consacrée et que Camus présentait. Bien amicalement à vous. R. Char. »

1. Enveloppe datée du 17 août 1959, adressée depuis Lourmarin au 4, rue de Chanaleilles (Paris 7e). Papier à l'en-tête de la NRF.

2. Albert Camus s'était retiré à Lourmarin et travaillait à la rédaction du *Premier Homme*.

faute. J'ai cédé à une pente d'inaction et aussi je n'ai pas eu le courage de sortir de l'état où j'étais, moitié tourment moitié joie et dont peut-être je vous parlerai. Mais j'espère très fort que vous allez venir près du Luberon et que vous pourrez passer ici le temps qu'il vous plaira. Je suis sûr, je ne sais pourquoi, que cette maison vous fera un peu de bien. C'est qu'elle m'en fait et que je vous crois semblable à moi pour deux ou trois besoins essentiels. Elle nous réunirait en tout cas, et dans le loisir, ce dont je me réjouis d'avance, comme du meilleur de ces vacances.

Dites-moi vos projets. Je reste ici jusqu'au 1er septembre. Ensuite, j'ai des répétitions à Paris pour la tournée des *Possédés*[1]. Et à la mi-octobre je repartirai sans doute. Je vous attends déjà avec mon cœur fraternel.

À vous, très affectueusement.

A. Camus

166. — RENÉ CHAR À ALBERT CAMUS

[*Septembre 1959*]

Cher Albert,

Du XVIIIe siècle m'est parvenu ce grand cahier, au noble visage (j'aime ces sortes d'émouvantes épaves lointaines et moelleuses). On écrit sur les pages, je sais, sans trop de

1. Le 19 octobre 1959, Albert Camus écrit à Nicolas Chiaromonte : « Je viens de terminer une nouvelle série de répétitions des *Possédés* qui partent en tournée pour trois mois. Et je vais maintenant retourner à mon livre [*Le Premier Homme*] que j'ai pas mal avancé cette année. » À propos de la tournée des *Possédés*, notamment en Italie, voir l'article de Marta Marchetti « Théâtre et révolte : *Les Possédés* à Venise », dans *Albert Camus et l'Italie*, actes des Rencontres méditerranéennes Albert Camus, Les Écritures du Sud, 2006, p. 75-97.

difficultés. Prenez-le pour vos notes, cher Albert, ne vous dirait-il que ma pensée et mon affectueuse amitié...

R. Char

P.S. Mes *Poésies*[1] en allemand, avec votre avant-propos, sont parues ces jours-ci chez Fischer. J'ai reçu 2 ex. En voici un. Mais d'autres vont venir.

167. — ALBERT CAMUS À RENÉ CHAR[2]

4 novembre 1959

Cher René,

Ce noble volume va aller tout droit à Lourmarin où il a sa place. Mais qu'il est beau ! On ne peut écrire là-dessus, sinon des paroles sacrées, et oubliées. On peut au moins rêver d'écrire. Merci, de tout cœur.

Je vous joins le dernier de mes cardinaux, en robe rouge. C'est celui qui vous va le mieux, à vrai dire, et que je regrette le moins.

Ne voulez-vous pas déjeuner avec moi lundi ? Ensuite, je veux quitter Paris où j'étouffe de plus en plus. Si vous êtes d'accord, je passerai vous prendre à 12 h 45. Sinon, appelez-moi le matin. Je serai, je suis, content de vous voir, un peu à loisir. Votre ami

A. C.

L'édition allemande est très belle.

1. Il s'agit de la traduction d'un choix de poèmes de René Char par Paul Celan, Johannes Hübner, Lothar Klünner et Jean-Pierre Wilhelm, avec une préface d'Albert Camus, parue en 1959 chez S. Fischer Verlag. Voir Albert Camus, *O.C.*, tome IV [*à paraître*].

2. Sur papier à en-tête de la NRF.

168. — RENÉ CHAR À ALBERT CAMUS

Lundi [*décembre 1959*]

Mon cher Albert

J'étais dans une espèce de piège ces trois jours. Assailli de l'extérieur sans moyens de m'échapper. Mais surtout d'une laideur physique peu tolérable à cause d'un retour de ces névralgies dans le corps. *J'aimerais* bien passer au moins une journée avec vous avant votre départ de Lourmarin. Quel jour voulez-vous ? Jeudi, vendredi, samedi ou dimanche ? Le téléphone est le n° 16 à L'Isle (Hôtel Saint-Martin). Un coup de fil de votre part me rendrait heureux, de préférence le matin, pour décider.

Ne vous inquiétez pas. Je me ferais transporter en auto à Lourmarin[1] dans la matinée du jour fixé.

Embrassez Catherine et Jean pour moi.

Affection à Francine

De tout cœur à vous toujours

René Char

* *
*

1. Deux jours avant le départ d'Albert Camus, René Char vint, en compagnie de Tina Jolas, passer une journée avec lui. Au moment de se quitter, Albert Camus lui dit, en parlant de *La Postérité du soleil* : « René, quoi qu'il arrive, faites que notre livre existe ! » (entretien avec René Char). Le 17 janvier 1960, René Char écrit à Ciska Grillet : « Tu penses que je t'oublie, n'est-ce pas ? Combien non ! Mais écrire à ceux que l'on chérit se fait, (me fait) mal. Ils vous habitent, et alors on leur parle. Comment est-ce que je vis par ailleurs ? Je n'en sais rien. Je suis venu ici pour — après avoir passé une journée avec lui ! — ensevelir Camus. Étrange monde. Présence absence, Royaume de l'éclair et du chagrin. Prenez bien garde à vous, Ded et toi. Je vous en prie. »

LETTRES À DATE INCERTAINE

I. Année proposée

169. — RENÉ CHAR À ALBERT CAMUS

Lundi [*1948*]

Cher ami

Connaissez-vous l'histoire de ce pigeon voyageur tellement en retard sur l'horaire de son retour et qui répondit à qui l'interrogeait aussi sur la cause de ses plumes crottées : « Je suis revenu à pied... » ?

Je ressemble à celui-là, bien sûr. Ne m'en veuillez pas trop mais j'arrive. En fin de semaine j'aurai le grand plaisir de vous retrouver.

Votre

René Char

170. — RENÉ CHAR À ALBERT CAMUS[1]

18-4-195[*0*[2]]

Bien affectueuse pensée de cette terre à qui il tarde de vous revoir.

1. Carte postale « L'Isle-sur-Sorgue — École Benoît. »

2. Albert Camus a passé quelques jours à L'Isle-sur-la-Sorgue en avril 1950. Cette carte postale de René Char l'a peut-être rejoint lors de son retour à Paris.

(Je pense « rentrer » dans une huitaine de jours.)
Votre

René Char

171. — RENÉ CHAR À ALBERT CAMUS

3 mai [*1950*]

Mon cher Albert,

Aussitôt que des réponses précises et sans fantaisie me seront parvenues au sujet de cette recherche d'une maison, je vous les communiquerai. Je ne vous transmettrai que ce qui sera vraiment sérieux, compte tenu des conditions climatiques que votre santé exige[1]. Je persiste à croire que nous devons trouver à Sault et dans la région du Ventoux le lieu et la formule. Quand vous serez reposé, ne pourrions-nous pas ensemble, en voiture, faire un tour par là ? On irait doucement, sans se presser. Je suis un peu épouvanté à l'idée que vous puissiez finalement gîter sur une de ces montagnes pleines de vents cassés et d'obscure tristesse !

Mes amis d'ici s'inquiètent de vous, aimeraient bien que « ça s'arrange en clair, à flanc de coteau, en Provence, pour vous »...

Vous avez toute ma pensée affectueuse

René Char

1. Rappelons qu'à son retour d'Amérique du Sud en 1949, Albert Camus est dans un état de santé précaire. Les médecins consultés lui ordonnent du repos et une cure de semi-altitude. Albert Camus avait séjourné pendant l'été 1948 dans le Vaucluse, à L'Isle-sur-la-Sorgue. Cette lettre de René Char fait état de la recherche d'un lieu de séjour convenant à la santé de Camus, qui, au début de 1950, était en cure de semi-altitude à Cabris. Sault offre à peu près les mêmes conditions pour le printemps et l'été. Cette lettre pourrait alors être la suite des démarches entreprises par Camus pour trouver un lieu de séjour pour l'été au cours de son voyage à L'Isle-sur-la-Sorgue en mai.

172. — RENÉ CHAR À ALBERT CAMUS

Samedi [*1951*]

Cher Albert,

Pardon de vous ennuyer encore avec des épreuves de votre texte[1]. Celles-ci me parviennent à la suite des autres, mais ne contiennent pas vos corrections. Le bon à tirer sera donné d'après *celles-ci*. Aussi y aurait-il nécessité que vous les corrigiez (indépendamment des premières) et me les remettiez afin que je les renvoie lundi ou mardi. Je m'excuse, ami, de ces choses désagréables.

Votre

R. C.

173. — RENÉ CHAR À ALBERT CAMUS

[*1954*]

Cher Albert

Voici une coccinelle[2] pour Francine.

Toujours occupé aux œuvres de longue haleine comme vous pouvez voir.

Votre

R. C.

1. On peut supposer qu'il s'agit des épreuves du texte que Camus donna à *Botteghe oscure* en 1951 (voir *supra* note 3, p. 55).

2. René Char aimait envoyer à ses amis des signes et comme des talismans. Cette coccinelle qui est souvent considérée comme un signe de bon augure pourrait bien saluer l'amélioration de la santé de Francine Camus au cours de l'année 1954.

174. — RENÉ CHAR À ALBERT CAMUS

Jeudi [*1955*[1]]

Cher Albert,

Vous ne devez pas être loin de votre retour à Paris. Je suis resté tout ce temps d'été dans la vallée de l'Epte. Pas de Provence, c'est trop crève-cœur. Jusqu'à la terminaison des familles...

Je serai de retour à Paris — vers le 23-25. Joie si vous êtes là. Je téléphonerai.

Mon amitié à Francine, aux enfants, affectueusement

De tout cœur à vous toujours

René Char

Ci-inclus une lettre venue[2] !

175. — RENÉ CHAR À ALBERT CAMUS

Jeudi matin [*1956*]

Cher Albert

Je serai à votre générale[3]. Toute ma pensée fraternelle et mes vœux vous font cortège.

1. L'année 1955 fut au moins deux fois terrible pour René Char. En mars, le suicide de Nicolas de Staël l'a profondément touché ; en octobre, les Névons sont vendus aux enchères à la suite d'un désaccord entre les enfants de Mme Char. On peut supposer que cette période, sur laquelle planaient le souvenir de Staël (qui avait acheté le castellet de Ménerbes près de L'Isle-sur-la-Sorgue) et la détresse de voir disparaître ses Névons, l'ait maintenu loin du Vaucluse. Par ailleurs, c'est au cours de cet été 1955 que René Char rencontre pour la première fois Martin Heidegger.
2. La lettre en question n'a pas été conservée.
3. Il peut s'agir de la générale de *Requiem pour une nonne*, représentée au théâtre des Mathurins à partir du 20 septembre 1956.

Un long merci d'avance pour l'œuvre que vous allez nous donner.

R. C.

176. — RENÉ CHAR À ALBERT CAMUS

Vendredi [*1957*]

Cher Albert,

André Rousseaux[1] m'a téléphoné ce matin pour nous inviter à dîner 5 rue d'Assas, *jeudi soir* prochain. J'ai dit que je ne savais pas si vous seriez libre, ou à Paris, la semaine prochaine, que j'allais m'en enquérir. Voilà ! C'est comme vous voulez. Cela ne serait pas déplaisant...

Faites-moi part de votre réponse afin que j'avise.

Affections

R. C.

177. — ALBERT CAMUS À RENÉ CHAR[2]

Dimanche [*1958*]

Cher René,

Est-ce que votre ami russe[3] pourrait envoyer ce livre à B[*oris*] P[*asternak*] ? Je ne pourrai jamais recopier l'adresse. Je vous le confie en tout cas.

1. Sur André Rousseaux, voir *supra*, lettre du 19 octobre 1957, p. 166, note 2. Celle-ci pourrait la suivre, mais rien ne permet de l'affirmer catégoriquement.
2. Sur papier à en-tête de la NRF.
3. Il s'agit de Pierre Souvtchinski (1892-1985), musicien et musicologue, qui

Je penserai à vous là-bas et suis déjà heureux du petit projet de voyage pour juillet. Affectueusement

A. C.

II. Périodes proposées (*terminus ad quem*)

178. — RENÉ CHAR À ALBERT CAMUS[1]

[*Après 1950*]

Cher Albert,

Ici, enfin au Puy, nous trouvons les avant-postes du ciel provençal. En bleu lessive. Nous avons pensé à vous hier, à Autun où nous avons déchiffré sur le mur de l'église cette parole du Président Luenot[2] à qui un envoyé du roi à la veille de la Saint-Barthélemy apporta l'ordre du massacre à Autun : « Il faut obéir lentement aux souverains lorsqu'ils sont en colère. » Il n'y eut pas de crimes à Autun. Mais vous devez avoir lu ces mots avant nous ! À bientôt, affectueusement

René C.

---

fut un découvreur des grands compositeurs russes du XXe siècle, animateur de la vie musicale en Russie de 1915 à 1920 et fondateur en France, dans les années 1950, du « Domaine musical », dont Nicolas de Staël était l'un des familiers. Il a été un trait d'union entre les milieux d'avant-garde russes et français. Boris Pasternak correspondait avec René Char par l'intermédiaire de Pierre Souvtchinski. Voir le catalogue de la vente Pierre Leroy (Sotheby's, 26 juin 2002, lot n° 271) ; Marie-Claude Char, *Faire du chemin avec...*, catalogue de l'exposition René Char en Avignon, 1990, p. 199 ; et le très beau texte de Pierre Souvtchinski dans le *Cahier de L'Herne* consacré à René Char, p. 162.

1. Carte postale du Puy-en-Velay, la nuit.

2. *Sic.* Ce mot, adressé à Charles IX, est à attribuer au président du parlement de Bourgogne, Pierre Jeannin.

Le Puy avec son soleil est, en bien plus modeste, notre Vicence !

Affectueusement à vous

René Ménard[1]

179. — RENÉ CHAR À ALBERT CAMUS[2]

À Albert Camus [*Après mai 1956*]
4 rue de Chanaleilles
7e

Nous nous arrêterons et dînerons à Avallon, cher Albert.

À demain, départ 15/16 heures ?

Me réjouissant

R. C.

même adresse...

1. René Ménard fit la connaissance de René Char puis d'Albert Camus en 1950 et 1951. Sur Ménard, voir lettre 49, note 1, p. 68.
2. Billet, de René Char, à l'en-tête « Albert Camus ». Vente Pierre Leroy.

180. — ALBERT CAMUS À RENÉ CHAR[1]

Jeudi [*après 1956*]
12 h 20

Porte close[2]. Appelez-moi demain matin, cher René !
Je reste votre frère fidèle.

A. C.

181. — RENÉ CHAR À ALBERT CAMUS

Mardi [*après 1956*]

Mon cher Albert

Vraiment comment vous sentez-vous ? Je vous ai appelé tantôt au téléphone pour prendre de vos nouvelles, mais la concierge vient de me dire que vous étiez sorti de bonne heure.

Cher Albert, coupez avec un bon couteau, quelque temps, toutes vos activités fatigantes. Pardon de vous recommander cela, mais la route vous est trop difficile pour que vos amis ne s'inquiètent pas pour vos forces. *Rien* ne vaut que vous compromettiez les mesures de votre santé ! Un peu de haut, de large et d'insoumis vous ferait du bien.

Il y a les vœux. Je préfère les certitudes. Je vous embrasse fraternellement.

R. C.

1. Billet à l'en-tête « Albert Camus ».
2 À partir de 1956, Albert Camus habite un deux-pièces dans le même immeuble que René Char, rue de Chanaleilles. Il n'est pas rare qu'ils se glissent des mots sous la porte.

P.S. N'hésitez jamais à venir ou à sonner nuit et jour, pour beaucoup ou pour peu.

LETTRES NON DATABLES

182. — RENÉ CHAR À ALBERT CAMUS

Samedi matin

Cher Albert

Je suis de retour à Paris. Nous pouvons nous voir quand vous voudrez. Voulez-vous *me* téléphoner lundi matin ou mardi matin ? Vous n'aurez qu'à me dire la soirée qui vous convient. Vous me manquez. Ces mots sont de trop dans la bouche d'un frère peut-être. Mais non, il faut les prononcer, car le visage finit par ne plus s'apercevoir derrière la fumée du contenu illusoire de chaque jour donné à rien...

Très affectueusement.

Il me tarde.

René C.

183. — RENÉ CHAR À ALBERT CAMUS

Voici cher Albert l'adresse de l'enfant[1] : C.R.

Fondation Livet
6, rue de Margnolles
Caluire Lyon

1. La fille d'amis vauclusiens pour laquelle René Char avait une grande tendresse.

Merci de lui envoyer un *Petit Prince*.
À jeudi.

R. C.

184. — RENÉ CHAR À ALBERT CAMUS

Lundi

Cher Albert
J'ai ma sœur aînée[1] qui arrive jeudi soir. Je ne pourrai donc pas venir chez vous car son train est à 9 h. Je ne regrette pas La Huchette mais ces quelques heures que nous aurions passées ensemble...
À bientôt, je vous appelle.
Fraternellement

R. C.

1. Julia, souvent affectueusement nommée Lily. Née en 1889, elle a toujours eu une grande affection pour le petit René dont elle fut la plus proche. Les relations de Char avec sa famille sont le plus souvent conflictuelles sauf avec Lily, sur laquelle il veillera jusqu'à sa mort en 1965.

Annexes

ANNEXE 1

Albert Camus sur René Char
René Char sur Albert Camus

I. Albert Camus
« Ce soir le rideau se lève sur...
René Char[1] », 1948

Nous donnons ici le texte de l'émission de radio qui fut consacrée à René Char en 1948, proposée par la compagnie Renaud-Barrault et présentée par Albert Camus. Y alternent la lecture du texte d'Albert Camus par lui-même et des lectures-récitations de poèmes de Char par Madeleine Renaud, Jean-Louis Barrault et Maria Casarès. Les noms des lecteurs et récitants sont indiqués entre crochets droits.

[*Albert Camus*]

« La lumière sèche, dit Héraclite, crée l'âme la plus sage et la meilleure. » Nous sommes au temps des âmes humides. L'odeur de cave qui monte des villes en ruine menace de nous recouvrir, s'attachant déjà à tout ce que crée l'Europe. Dans la plupart de nos œuvres, l'arbre a disparu, la femme a perdu son visage, toutes les fenêtres sont fermées. Sans notre révolte, ce serait bientôt la nuit solitaire aux yeux aveugles dont parlait Empédocle. Mais il y a notre révolte. Et une grande voix vient de s'élever dont la solitude même nous délivre de notre solitude.

1. Voir A. Camus, *O.C.*, *op. cit.*, II, p. 764.

Sur l'âme stérile de notre poésie un fleuve aux larges alluvions annonce enfin les temps de la fertilité.

René Char parle en connaissance de cause : « La poésie est pourrie d'épileurs de chenilles, de rétameurs d'échos, de laitiers caressants, de minaudiers fourbus, de visages qui trafiquent du sacré [...]. Il serait sain d'incinérer sans retard ces artistes. » On dira demain qu'il a été le premier à allumer ce bûcher salubre, ces grands feux d'herbe qui parfument le vent et engraissent la terre.

Il est nouveau. Mais sa superbe nouveauté est ancienne. Elle est celle du soleil à midi, des eaux vives, du couple, du mystère naturel, du pain et du vin, et de la beauté inlassable. Il est nouveau comme la Grèce, terre fidèle, comme ces présocratiques dont il revendique l'optimisme tragique. Seul vivant parmi des survivants, il reprend à nouveaux frais la dure et rare tradition de la pensée de midi. Char est né dans cette lumière de vérité. Et il est profondément significatif que les paroles de guérison nous viennent de cette Provence hautaine et tendre, funèbre et déchirante dans ses soirs, jeune comme le monde dans ses matins, et qui garde patiemment, comme tous les pays de la Méditerranée, les fontaines de vie où l'Europe, épuisée et honteuse, reviendra un jour s'abreuver.

Du soleil, la poésie de Char a l'obscurité fugitive. À deux heures, quand la campagne est recrue de chaleur, un souffle noir la recouvre. Mais cet éclat resplendit en lui-même et, dans le poème, ce point noir solidifie autour de lui de vastes plages de lumière où les visages se dénudent. De même chaque fois que la poésie de Char semble obscure, c'est par une condensation furieuse de l'image, un épaississement de la chair où notre imagination décharnée ne peut pénétrer, et non par un usage impuissant de l'abstraction. Midi reçoit ici sa place, au centre exact, et des torrents d'images chaleureuses tournent autour de son foyer mystérieux.

RADIO ? Émission Barrault ?

Manuscrit autographe de l'intervention de Camus sur Char, 1948.

[*Madeleine Renaud*]

À flancs de coteau du village bivouaquent des champs fournis de mimosas[1]. [...]

★

Je chante la chaleur à visage de nouveau-né, la chaleur désespérée[2]. [...]

[*Albert Camus*]

Mais la lumière du Vaucluse, patrie de Char, se compose avec l'eau et le vent. Ce pays n'a pas la splendeur immobile et desséchante des plaines d'Afrique ou d'Espagne. Un vent royal irrigue son ciel, faisant retentir les combes du Luberon d'un bruit d'eaux fraîches et tumultueuses. Une étrange et pure rivière, la Sorgue, aux flots verts et glacés, toujours parée de traînes fleuries, fait les terres somptueuses. Tout se mêle ici dans les forces naturelles et c'est du nœud de cette claire contradiction au point d'appui de la création même, que Char trouve son inspiration la plus mystérieuse, délivrant un à un ces esprits solaires qui brûlent et purifient l'ulcère du monde.

[*Madeleine Renaud*]

Rivière trop tôt partie, d'une traite, sans compagnon,
Donne aux enfants de mon pays le visage de ta passion[3]. [...]

[*Albert Camus*]

Il fallait ces racines en tout cas, profondes et fraîches, pour parler de l'amour. Char passant par le surréalisme n'en a gardé que le meilleur. On définira un jour les surréalistes comme les derniers écrivains qui ont osé prononcer le mot amour comme il convient. Et Char, pour longtemps, se résumera dans la fière for-

1. « Congé au vent », *Fureur et mystère* (*O.C.*, *op. cit.*, p. 130).
2. « À la santé du serpent », *Fureur et mystère* (*O.C.*, *op. cit.*, p. 262).
3. « La Sorgue. Chanson pour Yvonne », *Fureur et mystère* (*O.C.*, *ibid.*, p. 274).

mule de son *Poème pulvérisé:* « Ne te courbe que pour aimer[1]. » Car il s'agit pour lui de se courber et l'amour qui court à travers toute une œuvre par ailleurs si virile a l'accent de la tendresse. Ce n'est plus à midi, heure verticale, qu'il fait penser, mais à la nuit, ou du moins à ces nuits chaudes du Vaucluse, où la Voie lactée descend jusque dans les nids de lumière de la vallée, confondant toutes choses, mettant des villages dans le ciel et des constellations dans la montagne. Peuplées d'ailes, ce sont les nuits de l'amour. « Et mon âme aussi, dit Nietzsche, est une fontaine jaillissante. »

[*Jean-Louis Barrault*]

> *Nous sommes pareils à ces crapauds qui dans l'austère nuit des marais s'appellent et ne se voient pas, ployant à leur cri d'amour toute la fatalité de l'univers*[2].

⋆

[*Maria Casarès*]

> *Dans les rues de la ville il y a mon amour. Peu importe où il va dans le temps divisé. Il n'est plus mon amour, chacun peut lui parler. Il ne se souvient plus ; qui au juste l'aima*[3] *?*[...]

⋆

> *J'ai, ce matin, suivi des yeux Florence qui retournait au Moulin du Calavon*[4]. [...]

⋆

> *Martinet aux ailes trop larges, qui vire et crie sa joie autour de la maison. Tel est le cœur*[5]. [...]

1. « Le Poème pulvérisé », XX, *Fureur et mystère* (*ibid.*, p. 266).
2. « Feuillets d'Hypnos », 129, *Fureur et mystère* (*ibid.*, p. 206).
3. « Allégeance », dernier poème de *Fureur et mystère* (*ibid.*, p. 278).
4. « Feuillets d'Hypnos », 213, *Fureur et mystère* (*ibid.*, p. 226).
5. « Le Martinet », *Fureur et mystère* (*ibid.*, p. 276).

[*Albert Camus*]

« Guérir le pain attabler le vin. » Ce sont aussi les mots du poète. Mais Char sait que guérir le pain revient à lui donner sa place, au-dessus de toute doctrine, et son goût d'amitié. Ce révolté échappe au sort de tant de révoltés qui finissent en policiers et il s'élèvera toujours contre ceux, d'où qu'ils viennent, qu'il appelle les affûteurs de guillotine. Il ne veut pas du pain des prisons, ni des hideux pressoirs de la haine. Jusqu'à la fin, celui-là dira que le pain est liberté et qu'il a meilleur goût pour le vagabond que pour le procureur. Voilà pourquoi à l'admiration que quelques-uns d'entre nous lui vouent se mêle cette grande chaleur fraternelle où l'homme produit ses meilleurs fruits.

Horrible journée ! J'ai assisté, distant de quelque cent mètres, à l'exécution de B.[1]. [...]

★

Montagne des grands abusés,
Au sommet de vos tours fiévreuses
Faiblit la dernière clarté[2]. [...]

Que demander d'autre à un poète aujourd'hui ? Au milieu de nos citadelles démantelées, voici que le pain existe et la femme et la fière liberté. Dans le désert du temps, recueillant ces vraies richesses, la Beauté, enfin, s'élève, dont nous avions une soif désespérée. Elle sort de ces *Feuillets d'Hypnos*, brûlants comme l'arme des réfractaires, et d'être trempée dans le sang des combats, nous la reconnaissons enfin pour ce qu'elle est. Non pas la beauté anémiée des académies mais celle dont nous pouvons enfin vivre, rouge, ruisselante d'un étrange baptême, couronnée d'éclairs.

En plein combat, les armes encore à la main, voici un poète

1. « Feuillets d'Hypnos », 138, *Fureur et mystère* (*ibid.*, p. 208).
2. « Pyrénées », *Les Matinaux* (*ibid.*, p. 304).

qui a osé nous crier : « Dans nos ténèbres, il n'y a pas une place pour la Beauté. Toute la place est pour la Beauté[1]. » Et dès cet instant, chaque poème de Char a jalonné une route d'espérance, pareil à ces feux que Char, s'envolant en Afrique, découvrait du haut de l'avion, et que ses camarades du maquis avaient allumés de chaîne en chaîne jusqu'à la mer, pour saluer leur frère et la victoire prochaine, traçant au-dessus des vallées encore prisonnières la route enflammée de la liberté. Et de même, cette grande voix, aujourd'hui solitaire, accompagne notre navigation difficile et nous parle sans relâche d'une Ithaque où nous aborderons, malgré les prétendants, et où nous retrouverons enfin la simple joie d'être homme. Rassembleur ! Voici le mot qui convient à Char. Nous durerons, comme il le demande :

> *Dure, afin de pouvoir encore mieux aimer un jour ce que tes mains d'autrefois n'avaient fait qu'effleurer sous l'olivier trop jeune*[2].

Nous durerons et nous serons fidèles. Mais c'est à des œuvres comme celle-ci, c'est à des hommes comme celui-ci que nous demanderons parfois le recours et l'espérance, pour l'honneur de notre temps.

II. Albert Camus et René Char « Seuls les simples soldats trahissent », lettre à *Combat*, 1949

Selon Jacqueline Lévi-Valensi, cette lettre d'Albert Camus et de René Char à Combat, *publiée dans le journal le 14 mars 1949, est la dernière d'Albert Camus au journal*[3].

1. « Feuillets d'Hypnos », 237, *Fureur et mystère* (*ibid.*, p. 232).
2. « Le Bouge de l'historien », *Fureur et mystère* (*ibid.*, p. 145).
3. *Camus à Combat*, édition établie, présentée et annotée par Jacqueline Lévi-Valensi, Gallimard, 2002, « Cahiers Albert Camus », 8, p. 703.

Nous lisons dans *Combat* que deux tirailleurs algériens ont été condamnés à mort par le tribunal militaire d'Alger pour désertion à l'ennemi. Leur section tout entière se serait livrée à l'ennemi, il y a neuf ans, dans la Meuse, en pleine débâcle. Nous vous demandons de bien vouloir rapprocher cette implacable sentence (compte tenu du climat de 1940) de celle qui a frappé avec beaucoup de modération des généraux accusés d'avoir offert leurs services à l'ennemi, étant prisonniers de l'armée allemande. Nous vous demandons, par surcroît, de bien vouloir porter à la connaissance de l'opinion publique qu'il est extrêmement rare qu'un sujet algérien jouisse des droits du citoyen français, bien qu'il soit astreint, comme vous venez de le voir, aux mêmes devoirs. Ces rapprochements permettent d'apprécier, nous l'espérons du moins, la singulière leçon de morale que nos tribunaux viennent de donner au peuple français et au peuple algérien.

III. René Char « Sur la révolte en question », lettre à Guy Dumur, 1952

Cette lettre a été publiée dans Combat *le 3 mars 1952. La revue* Le Soleil noir / Positions *consacrait en février 1952 un numéro spécial à* L'Homme révolté *intitulé « La Révolte en question », sollicitant quelques-uns des amis de Camus, dont Jean Grenier et Jean Daniel. Camus cependant refusa de faire reproduire le texte de sa polémique avec André Breton et de répondre à l'enquête proposée*[1]*.* *Dans ses* Carnets 1944-1974[2], *Louis Guilloux revient sur la méthode qu'employèrent les « animateurs » du* Soleil noir *pour « recruter » des contributions des amis de Camus. En réaction à un article de*

1. Voir Jean-Louis Meunier, « La Révolte et la rue », dans *En commune présence : Albert Camus et René Char, op. cit.*
2. *Op. cit.*, p. 209.

13/6/07

Cher Maurice,

Ensemble, on parvient à franchir bien des obstacles ! Merci de nous avoir offert votre patience perspicace durant de longues années. Avec notre amitié

Marie-Luce

M. Leroy

Peter Goethals

Musée royal de Mariemont
Aquarelle, La *tortue et les deux canards*
Fables de Jean de La Fontaine illustrées par A. Delierre,
tome II, p. 192-193 (1883).

Combat *sur cette revue, René Char écrivit à Guy Dumur cette lettre, aussitôt reprise dans* Combat[1].

Je crois, cher Guy Dumur, que vous vous êtes ému dans *Combat* pour pas grand-chose. Je partage votre sentiment ; mais ce soir, j'ai là, sous les yeux, *La Révolte en question* (*sic*). Alors ? Qu'est-ce que *L'Homme révolté*, grand livre de secours, pathétique et net comme une tête trépanée, a à voir avec ça ? La présence à l'intérieur des pages d'un petit nombre d'interlocuteurs de bonne foi, étrangers au véritable esprit de l'entreprise, prouve simplement que ceux-ci ont été trompés par le ton et les mots faussement camarades avec lesquels on les interrogeait. C'est permis.

Que deux marmitons, rue de l'Échaudé, sur le conseil et sous la surveillance benoîte de vieux Vatels, montent une affaire commerciale qu'ils présument payante, cela a-t-il de quoi nous étonner ? Ils ne vendraient pas cher leur balbutiante salade, ces gâte-sauces, s'ils l'annonçaient de leur écriture de cure-dent, telle qu'elle est !

Ne vous méprenez pas, cher ami, une fois encore c'est du cinéma, du cinéma de doublure. Film pour film nous sommes loin des *Révoltés du Bounty* et de *Monsieur Verdoux*. Croyez, cher Guy Dumur, à mes sentiments très amicaux.

René Char

IV. René Char
« Je veux parler d'un ami[2] », 1957

Char a écrit ce texte au moment de l'annonce de la remise du prix Nobel à Albert Camus. Il a été publié dans Le Figaro littéraire *du*

1. Voir *supra* la lettre n° 54, du 19 septembre 1950, p. 72.
2. Voir les lettres des 17 et 19 octobre 1957, p. 165.

26 octobre 1957, puis sera repris dans Recherche de la base et du sommet *(*O.C., op. cit.*, p. 713).*

Depuis plus de dix ans que je suis lié avec Camus, bien souvent à son sujet la grande phrase de Nietzsche réapparaît dans ma mémoire : « J'ai toujours mis dans mes écrits toute ma vie et toute ma personne. J'ignore ce que peuvent être des problèmes purement intellectuels. » Voilà la raison de la force d'Albert Camus, intacte, reconstituée à mesure, et de sa faiblesse, continuellement agressée. Mais il faut croire que de l'horloge de la vérité, qui ne sonne pas chaque heure mais la beauté et les drames du temps seuls, peut toujours descendre un Michel, par les marches mal éclairées qui, en dépit de ses propres doutes, affirmera, face à la famille des totalitaires et des pyrrhoniens, la valeur des biens de la conscience tourmentée et du combat rafraîchissant. De l'œuvre de Camus je crois pouvoir dire : « Ici, sur les champs malheureux, une charrue fervente ouvre la terre, malgré les défenses et malgré la peur. » Qu'on me passe ce coup d'aile ; je veux parler d'un ami.

Affligé ou serré. Camus ne s'échappe pas par la vertu de la méchanceté qui, bien qu'elle ascétise, a l'inconvénient de modeler à son utilisateur un visage voisin de la grimace de la mort. Sa parole incisive refuse le rapetissement de l'adversaire, dédaigne la dérision. La qualité qui satisfait le plus chez lui, quelle que soit la densité du rayon de soleil qui l'éclaire, est qu'*il ne s'accointe pas avec lui-même* ; cela renforce son attention, rend plus féconde sa passion. Sa sensibilité étrangement lui sert d'amorce et de bouclier, alors qu'il l'engage toute. Enfin, nanti d'un avantage décisif, il ne remporte qu'une victoire mesurée dont promptement il se détourne, comme un peintre de sa palette, non comme un belliqueux de sa panoplie. Camus aime à marcher d'un pas souple dans la rue d'une ville quand, par la grâce de la jeunesse, la rue est pour un instant entièrement fortunée.

L'amitié qui parvient à s'interdire les patrouilles malavisées auprès d'autrui, quand l'âme d'autrui a besoin d'absence et de mouvement lointain, est la seule à contenir un germe d'immortalité. C'est elle qui admet sans maléfice l'inexplicable dans les relations humaines, en respecte le malaise passager. Dans la constance des cœurs expérimentés, l'amitié ne fait le guet ni n'inquisitionne. Deux hirondelles tantôt silencieuses, tantôt loquaces se partagent l'infini du ciel et le même auvent.

Je veux parler d'un ami

—

Depuis plus de dix ans que je suis lié avec Camus, bien souvent à son sujet la grande phrase de Nietzsche réapparaît dans ma mémoire : « J'ai toujours mis dans mes écrits toute ma vie et toute ma personne. J'ignore ce que peuvent être des problèmes purement intellectuels. » Voilà la raison de la force d'Albert Camus – intacte, reconstituée à mesure – et de sa faiblesse – continuellement agressée. Mais il faut croire que de l'horloge de la vérité, qui ne sonne pas chaque heure mais la beauté et les drames du temps seuls, peut toujours descendre un Michel, par les marches mal éclairées qui, en dépit de ses propres doutes, affirmera face à la famille des totalitaires et des pyrrhoniens ~~et des ondoyés~~, la valeur des biens de la conscience tourmentée et du combat rafraîchissant. De l'œuvre de Camus je crois pouvoir dire : Ici, sur les champs malheureux, une charrue fervente ouvre la terre, malgré les défenses et malgré la peur. Qu'on me passe ce coup d'aile, je veux parler

Manuscrit autographe de « Je veux parler d'un ami », 1957.

V. Albert Camus « René Char », préface à l'édition allemande des *Poésies* de René Char, 1959[1]

Cette préface témoigne d'un dialogue constant entre les deux hommes, entre les deux œuvres ; elle fait date dans la lecture de la poésie de René Char.

On ne rend pas justice en quelques pages à un poète comme René Char, mais on peut au moins le situer. Certaines œuvres méritent qu'on saisisse tous les prétextes pour témoigner, même sans nuances, de la gratitude qu'on leur doit. Et je suis heureux que cette édition allemande de mes poèmes préférés me donne l'occasion de dire que je tiens René Char pour notre plus grand poète vivant et *Fureur et mystère* pour ce que la poésie française nous a donné de plus surprenant depuis *Les Illuminations* et *Alcools*.

La nouveauté de Char est éclatante, en effet. Il est sans doute passé par le surréalisme, mais il s'y est prêté plutôt que donné, le temps d'apercevoir que son pas était mieux assuré quand il marchait seul. Dès la parution de *Seuls demeurent*, une poignée de poèmes suffirent en tout cas à faire lever sur notre poésie un vent libre et vierge. Après tant d'années où nos poètes, voués d'abord à la fabrication de « bibelots d'inanité », n'avaient lâché le luth que pour emboucher le clairon, la poésie devenait bûcher salubre. Elle flambait, comme ces grands feux d'herbes qui, dans le pays du poète, parfument le vent et engraissent la terre. Nous respirions enfin. Le mystère naturel, les eaux vives, la lumière faisaient irruption dans la chambre où la poésie s'enchantait jusqu'alors d'ombres et d'échos. On peut parler ici de révolution poétique.

1. *Dichtungen*, S. Fischer Verlag, 1959.

Mais j'admirerais moins la nouveauté de cette poésie si son inspiration, en même temps, n'était à ce point ancienne. Char revendique avec raison l'optimisme tragique de la Grèce présocratique. D'Empédocle à Nietzsche, un secret s'est transmis de sommet en sommet, dont Char reprend, après une longue éclipse, la dure et rare tradition. Le feu de l'Etna couve sous quelques-unes de ses formules insoutenables, le vent royal de Sils Maria irrigue ses poèmes et les fait retentir d'un bruit d'eaux fraîches et tumultueuses. Ce que Char appelle « la sagesse aux yeux pleins de larmes » revit ici, à la hauteur même de nos désastres.

Ancienne et nouvelle, cette poésie combine le raffinement et la simplicité. Elle porte du même élan les jours et la nuit. Dans la grande lumière où Char est né, on sait que le soleil est parfois obscur. À deux heures, quand la campagne est recrue de chaleur, un souffle noir la recouvre. De même, chaque fois que la poésie de Char semble obscure, c'est par une condensation furieuse de l'image, un épaississement de la lumière qui l'éloigne de cette transparence abstraite que nous ne réclamons le plus souvent que parce qu'elle n'exige rien de nous. Mais en même temps, comme dans la plaine ensoleillée, ce point noir solidifie autour de lui de vastes plages de lumière où les visages se dénudent. Au centre du *Poème pulvérisé*, par exemple, se tient un foyer mystérieux autour duquel tournent inlassablement des torrents d'images chaleureuses.

C'est pourquoi aussi cette poésie nous comble si exactement. Au sein de l'obscurité où nous avançons, la lumière fixe et ronde des ciels valéryens ne nous servirait de rien. Elle serait nostalgie, non secours. Dans l'étrange et rigoureuse poésie au contraire que Char nous offre, notre nuit elle-même resplendit, nous réapprenons à marcher. Ce poète de tous les temps parle exactement pour le nôtre. Il est au cœur de la mêlée, il donne ses formules à notre malheur comme à notre renaissance : « Si nous habitons un éclair, il est le cœur de l'éternel. »

La poésie de Char habite justement l'éclair, et non seulement au sens figuré. L'homme et l'artiste, qui marchent du même pas,

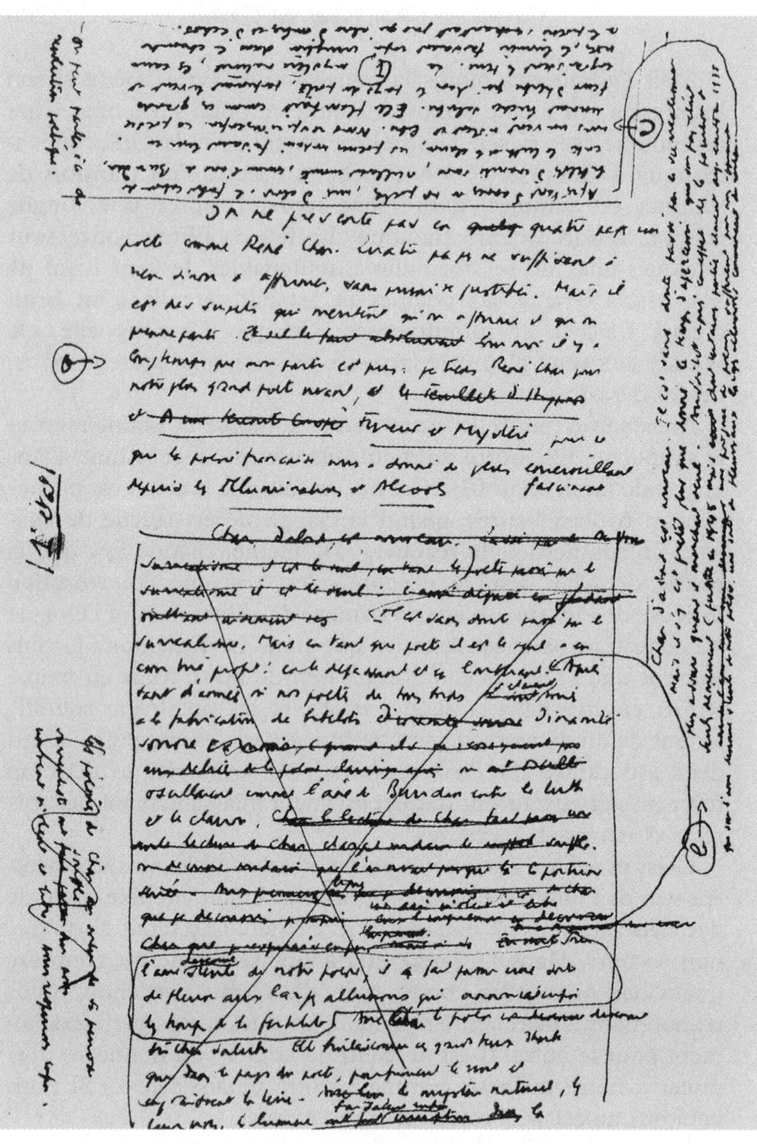

Manuscrit autographe de la préface de Camus aux *Dichtungen* de Char, 1959.

se sont trempés hier dans la lutte contre le totalitarisme hitlérien, aujourd'hui dans la dénonciation des nihilismes contraires et complices qui déchirent notre monde. Du combat commun, Char a accepté le sacrifice, non la jouissance. « Être du bond, non du festin, son épilogue. » Poète de la révolte et de la liberté, il n'a jamais accepté la complaisance, ni confondu, selon son expression, la révolte avec l'humeur. On ne dira jamais assez, et tous les hommes tous les jours nous le confirment, qu'il est deux sortes de révolte dont l'une cache d'abord une aspiration à la servitude, mais dont l'autre revendique désespérément un ordre libre où, selon le mot magnifique de Char, le pain serait guéri. Char sait justement que guérir le pain revient à lui donner sa place, au-dessus de toutes les doctrines, et son goût d'amitié. Ce révolté échappe ainsi au sort de tant de beaux insurgés qui finissent en policiers ou en complices. Il s'élèvera toujours contre ceux qu'il appelle les affûteurs de guillotine. Il ne veut pas du pain des prisons et jusqu'à la fin le pain chez lui aura meilleur goût pour le vagabond que pour le procureur.

On comprend alors comment ce poète des insurgés n'a aucun mal à être celui de l'amour. Sa poésie y plonge au contraire des racines tendres et fraîches. Tout un aspect de sa morale et de son art se résume dans la fière formule du *Poème pulvérisé* : « Ne te courbe que pour aimer. » Car il s'agit pour lui de se courber en effet et l'amour qui court à travers son œuvre, si virile d'autre part, a l'accent de la tendresse.

Voilà pourquoi encore Char, aux prises, comme nous tous, avec l'histoire la plus enchevêtrée, n'a pas craint d'y maintenir et d'y exalter la beauté dont l'histoire justement nous donnait une soif désespérée. Et la beauté surgit de ses admirables *Feuillets d'Hypnos*, brûlante comme l'arme du réfractaire, rouge, ruisselante d'un étrange baptême, couronnée de flammes. Nous la reconnaissons alors pour ce qu'elle est, non pas la déesse anémiée des académies, mais l'amie, l'amante, la compagne de nos jours. En plein combat, voici un poète qui a osé nous crier : « Dans nos ténèbres, il n'y a pas une place pour la Beauté. Toute la place est pour la beauté. » Dès cet instant, face au nihilisme de son temps et contre tous les reniements, chaque poème de Char a jalonné une route d'espérance.

Que demander d'autre à un poète aujourd'hui ? Au milieu de nos citadelles démantelées, voici que, par la vertu d'un art secret et généreux, la femme existe, la paix et la dure liberté. Et loin de nous détourner du combat, nous apprenons que ces richesses retrouvées sont les seules qui justifient qu'on se batte. Sans l'avoir voulu, et seulement pour n'avoir rien refusé de son temps, Char fait plus alors que nous exprimer : il est aussi le poète de nos lendemains. Il rassemble, quoique solitaire, et à l'admiration qu'il suscite se mêle cette grande chaleur fraternelle où les hommes portent leur meilleur fruit. Soyons-en sûrs, c'est à des œuvres comme celle-ci que nous pourrons demander désormais recours et clairvoyance. Elles sont messagères de vérité, de cette vérité perdue — dont chaque jour désormais nous rapproche, bien que pendant longtemps nous n'ayons rien pu dire d'elle, sinon qu'elle était notre patrie et que loin d'elle nous souffrions d'exil. Mais les mots se forment enfin, la lumière point, la patrie un jour recevra son nom. Un poète aujourd'hui l'annonce magnifiquement et nous rappelle déjà, pour justifier le présent, qu'elle est « terre et murmure au milieu des astres impersonnels[1] ».

1958

VI. Albert Camus
Conférence de presse
pour la remise du prix Nobel, 1957

Lors de la conférence de presse donnée avant la remise du prix Nobel et en réponse à une question sur son rattachement à la tradition littéraire française et sur ses affinités humaines avec les écrivains contemporains, Albert Camus ajoute, après avoir cité Simone Weil :

1. « Feuillets d'Hypnos », 204, *Fureur et mystère*, René Char, *O.C.*, *op. cit.*, p. 224.

[...] Notre plus grand poète français selon moi, je veux dire René Char, qui est pour moi non seulement un poète, un grand poète et un écrivain d'immense talent, mais qui est pour moi littéralement comme un frère. Malheureusement la poésie ne se traduit pas et je ne sais pas dans quelle mesure vous pourriez le faire, mais c'est une chose qui me paraît souhaitable car cette œuvre est parmi les plus grandes, vraiment parmi les plus grandes que la littérature française ait produite. Depuis Apollinaire en tout cas, il n'y a pas eu dans la littérature française de révolution comparable à celle qu'a accomplie René Char.

VII. Albert Camus « À René Char », 1959

Ce texte, daté du 19 décembre 1959, a été communiqué à René Char par l'un de ses amis et traducteur allemand, Franz Würm, dans une lettre du 3 mars 1961[1].

1. Franz Würm écrit à Char le 3 mars 1961 : « Connaissez-vous ce texte que je viens de copier ? Il me parvient d'un jeune Zurichois : un feuillet écrit de la main de Camus et une carte l'accompagnant datée de Lourmarin du 19 décembre 1959. Une reproduction du manuscrit vous sera envoyée aussitôt que je la recevrai. / Ce Monsieur m'écrit qu'il s'était mis à traduire quelques-uns de vos poèmes qu'il espérait un jour pouvoir publier et auxquels il voulait joindre un témoignage ou hommage de votre ami. Entre-temps, parurent d'abord mes traductions puis l'édition de Fischer, et il doit abandonner son projet. Il a entendu parler du recueil que nous préparons, et me demande si ce texte ne pourrait y trouver une place. Je lui ai déjà répondu qu'il n'y aurait ni préface ni postface, à moins qu'elle ne fût de vous ; mais que j'allais réfléchir à d'autres possibilités. / Trouveriez-vous donc à propos que l'on publiât cette feuille, évidemment destinée à être publiée, en compagnie, s'il se peut, d'une vôtre, mettant côte à côte vos deux mains amicales ? (Si vous le trouviez seyant, je songerais, soit à la [*illisible*] ou bien, si celle-ci refuse de facsimiler, à la *Gazette de Zurich*.) (Toujours supposant que le Monsieur, à qui la feuille appartient, et qui, je crois, peut donc en disposer à son gré, y consentît. Pour le moment, je l'ai prié de ne rien précipiter.) /Excusez cette hâte affairée à propos d'une parole aussi émouvante, mais c'est, vous le voyez, un peu par précaution. /Tout vôtre, / Franz Würm. »

À René Char

Dans le jour bref qui lui est donné, il réchauffe et illumine, sans dévier de sa course mortelle. Semé par le vent, moissonné par le vent, graine éphémère et cependant soleil créateur, tel est l'homme, à travers les siècles, fier de vivre un seul instant !

Albert Camus

19-12-1959

A René Char

Dans le jour bref qui lui est donné, il réchauffe et illumine, sans dévier de sa course mortelle. Semé par le vent, moissonné par le vent, graine éphémère et cependant soleil créateur, tel est l'homme, à travers les siècles, fier de vivre un seul instant !

Manuscrit autographe.

VIII. Albert Camus
« Char est seul sans être à l'écart », 1959

Albert Camus semble avoir écrit ce court texte sur René Char le 6 novembre 1959 à Paris, après la livraison de La NRF *de novembre 1959 (n° 83, p. 769) où est publié* Contrevenir, *dont est extraite la citation finale. Camus partit à Lourmarin le lendemain. Une mention figurant sur un feuillet annexe, semble-t-il de la main de Char, indique : « Trouvé dans le tiroir du bureau d'Albert Camus 4, rue de Chanaleilles. »*

Char est seul sans être à l'écart. Rien ne lui ressemble [*biffé* : Dans ce temps d'eaux mortes, de bavards, de puissants aux mufles hideux, de confusions — Et le] Et il ressemble à son temps qu'il ne cesse d'affronter.

Il est dans son temps comme le roc propre au milieu du fleuve souillé qui coule et traverse, se sépare à son approche et le

Obéissez à vos porcs qui existent. Je me soumets à mes dieux qui n'existent pas[1]. *Ch*[*ar*]

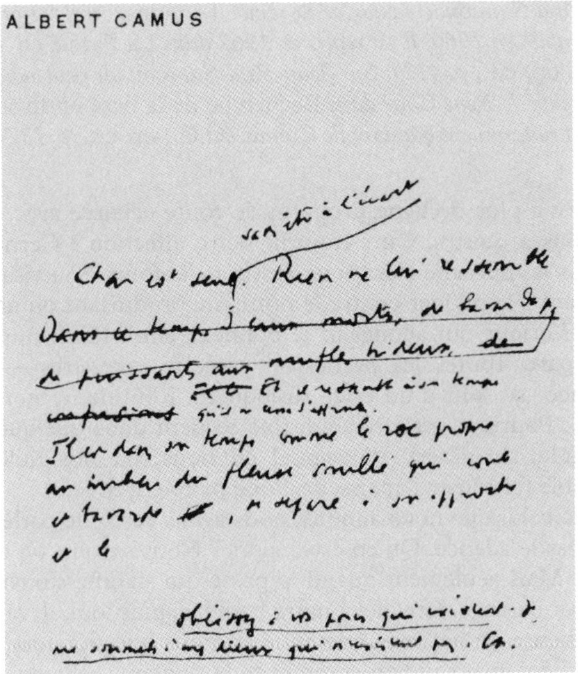
ALBERT CAMUS

Manuscrit autographe sur papier à en-tête, 1959.

1. « Contrevenir », *La Parole en archipel*, *O.C.*, *op. cit.*, p. 413 : « Obéissez à vos porcs qui existent. Je me soumets à mes dieux qui n'existent pas. / Nous restons gens d'inclémence. »

IX. René Char
« L'Éternité à Lourmarin », 1960

Le manuscrit de ce texte figure dans une lettre de René Char à Jean-Paul Samson, créateur de la revue Témoins, *où il fut originellement publié en 1960. Il est repris en 1962 dans* La Parole en archipel *(*O.C., op. cit., *p. 412). Sur Jean-Paul Samson, on peut notamment lire le texte de René Char dans* Recherche de la base et du sommet, *où il est notamment question de Camus (*O.C., op. cit., *p. 737).*

Il n'y a plus de ligne droite ni de route éclairée avec un être qui nous a quittés. Où s'étourdit notre affection ? Cerne après cerne, s'il approche c'est pour aussitôt s'enfouir. Son visage parfois vient s'appliquer contre le nôtre, ne produisant qu'un éclair glacé. Le jour qui allongeait le bonheur entre lui et nous n'est nulle part. Toutes les parties — presque excessives — d'une présence[1] se sont d'un coup disloquées. Routine de notre vigilance... Pourtant cet être supprimé se tient dans quelque chose de rigide, de désert, d'essentiel en nous, où nos millénaires ensemble font juste l'épaisseur d'une paupière tirée.

Avec celui que nous aimons, nous avons cessé de parler, et ce n'est pas le silence. Qu'en est-il alors ? Nous savons, ou croyons savoir. Mais seulement quand le passé qui signifie s'ouvre pour lui livrer passage. Le voici à notre hauteur, puis loin, devant.

À l'heure de nouveau contenue où nous questionnons tout le poids d'énigme, soudain commence la douleur, celle de compagnon à compagnon, que l'archer, cette fois, ne transperce pas[2].

1. Le texte primitif donne : « Toutes les parties — presque excessives — d'une Présence ».

2. Le texte primitif donne : « la Douleur, celle de compagnon à compagnon, que l'archer, cette fois, ne peut pas transpercer. »

~~Chez Jean Paul Samson~~

L'éternité à Lourmarin

Il n'y a plus de ligne droite ni de
route éclairée avec un être qui nous
a quittés. Où s'étourdit notre affection ? ~~Rien~~ de cette vie en ~~bout ou~~
sur le point d'apparaître ~~Son~~
~~souvenir~~ ~~l'étendue~~ ~~est funèbre et fangeux~~.
Cerne après cerne, s'il approche, c'est pour
aussitôt s'enfouir. Son visage parfois
vient s'appliquer contre le nôtre,
ne produisant qu'un éclair glacé.
Le jour qui allongeait le bonheur
entre lui et nous n'est
nulle part. Toutes les parties — presque excessives — d'une
présence se sont d'un coup disloquées.

Pourtant cet être supprimé
se tient dans quelque chose de
rigide, de désert, d'essentiel en nous,
où nos millénaires
ensemble font juste l'épaisseur d'une
paupière tirée. ~~Aucune ressemblance~~
avec le coquillage fossile que nous avons
dans un pan de rocher

avec celui que nous aimions

Un feuillet du manuscrit autographe de « L'Éternité à Lourmarin », 1960.

X. René Char « Naissance et jour levant d'une amitié », 1960

Ce texte constituera la postface de La Postérité du soleil *(voir ci-dessous, annexe 2).*

Comment le nom de Camus vint jusqu'à moi : un passant m'avait apporté son roman *L'Étranger*, mais j'avais eu peu de loisir pour le lire. Période où toute vraie lecture ne pouvait avoir lieu que dans la ligne où l'événement la fixait. J'avais parcouru le livre. Je ne peux pas dire qu'il m'avait causé une profonde impression, puisque je n'avais pas d'attention à lui donner et que je n'étais pas à même de lui accorder un champ de rêverie.

Plus tard, après la Libération, je reçus une lettre de Camus me demandant *Les Feuillets d'Hypnos*, dont Gallimard avait le manuscrit depuis quelques semaines, pour sa collection « Espoir ». Je ne connaissais pas cette collection que Camus commençait à composer avec des ouvrages qu'il avait, de préférence à d'autres, retenus. Les termes de la lettre de Camus me plurent et m'incitaient à lui confier *Hypnos*. J'avais lu quelques-uns de ses articles dans *Combat*. J'en aimais le timbre précis et la probité. À cela se bornait ma connaissance.

Il me donna rendez-vous chez Gallimard. Je le rencontrai, je sus que nous aurions un chemin à faire ensemble. Un certain temps passa que je mis à profit pour lire Camus, découvrir sa voix d'homme et sa main d'écrivain. Je suis mal disposé à l'égard du roman contemporain — les récits de Blanchot mis à part — ; je ne sais pas *désirer* son sujet ou épouser ses intrigues, ses fonds et son enclos. Toute chose dont il traite est posée autrement qu'il ne le prétend.

Camus me proposa de venir à L'Isle (ou je lui demandai) et il arriva un matin. J'allai le chercher en gare d'Avignon. Ce devait être

LA POSTERITE DU SOLEIL

Bon à composer
12-1-65
R.C.

NAISSANCE ET JOUR LEVANT
D'UNE AMITIE

Comment le nom de Camus vint jusqu'à moi : un ~~ami~~ passant m'avait apporté son roman "L'Etranger", mais ~~je disposais de~~ j'avais eu peu de ~~loisirs~~ pour le lire. Période où toute vraie lecture ne pouvait avoir lieu que dans la ligne où l'événement la ~~fixait~~ l'exigeait. J'avais parcouru le livre. Je ne peux pas dire qu'il m'avait causé une profonde impression, puisque je n'avais pas d'attention à lui donner, ~~encore moins de~~ et je n'étais pas disponible pour lui accorder un champ de rêverie convenable.

Plus tard, après la Libération, je reçus une lettre de Camus me demandant les "Feuillets d'Hypnos", dont Gallimard avait le manuscrit depuis quelques semaines, pour sa collection : "Espoir". Je ne connaissais pas cette collection que Camus commençait à ~~[illegible]~~ composer avec des ouvrages qu'il avait, de préférence à d'autres, remarqués. Les ~~ton~~ termes de la lettre de Camus me ~~plut~~ plurent, et m'incitèrent à lui confier "Hypnos". J'avais lu quelques uns de ses articles dans "Combat".

Un feuillet de la dactylographie avec corrections autographes
du bon à tirer de « Naissance et jour levant d'une amitié »
pour l'édition de *La Postérité du soleil*, 1965.

dans l'automne 1946[1]. La belle animation de la fin de la guerre durait encore, quoique légèrement abaissée. Les rapports entre les gens qui s'étaient connus pendant la Résistance restaient chaleureux, empreints du besoin de se retrouver, peut-être plus de se voir que de se parler, de respirer l'air nouveau, d'en étaler la liberté.

Nous nous rencontrâmes dans un vieil hôtel d'Avignon, qui jouxte les remparts, l'Hôtel d'Europe. J'avais là plusieurs camarades. Je présentai Camus à chacun, et tout de suite il fut de plain-pied avec eux, sachant dire et écouter avec l'enjouement ailé ou réfléchi qui était le sien. Il ne faisait pas effort pour briller ou pour capter l'attention. Beauté et bonté de son silence qui ne contrariait point le côté excessif des récits que ces grands adultes répétaient pour la centième fois, non pas avec vanité mais avec cette délectation que l'on a à évoquer des choses terribles lorsque ces choses terribles sont au passé. Et quand on les vivait, on ne savait pas qu'elles étaient tout à fait terribles, puisqu'on les vivait, et lorsqu'on les racontait, on était si heureux qu'elles soient terminées, puisqu'elles étaient recouvertes comme d'une rosée. Et le terrible paraissait le quotidien.

Le repas achevé, nous partîmes pour L'Isle. Je sentis à la vue de ces montagnes : le Luberon, les Alpilles, le Ventoux, qui entourent la plaine de L'Isle-sur-Sorgue, je compris à l'expression des yeux de Camus, à l'exubérance qui les éclaira, qu'il touchait à une terre et à des êtres aux soleils jumeaux qui prolongeaient avec plus de verdure, de coloris et d'humidité, la terre d'Algérie à laquelle il était si attaché. Plusieurs personnes l'accueillirent, le reçurent, le fêtèrent ; et moi qui l'observais, avec quelque méfiance — lorsqu'on partage avec autrui de récentes sympathies — je m'aperçus que ce qui m'avait prévenu favorablement, dès l'abord, vraiment ici prenait tout son sens : une simplicité tantôt ironique et grave, le geste délié sans excès, une mesure non recherchée, une discrétion subite dans les échanges, au seuil d'une confiance prématurée, faisaient que cet homme n'était jamais un étranger parmi les autres, un importun à peine dessiné. Étranger, celui qui se présente, sans parler le premier, à des êtres qui ignorent tout de lui et désirent apprendre, et qui saura tout sans souhaiter trop savoir.

1. Plutôt 1947 (voir lettre n° 10).

Camus resta plusieurs jours et loua par la suite une maison qui s'appelait Palerme. Mais Palerme était un nom un petit peu estropié. Grande maison de campagne dont le propriétaire s'était tué récemment en automobile, sa veuve la louait. Ce Palerme, Palerne, exactement, d'un duc de Palerne autrefois citadin de L'Isle et riverain de la Sorgue. La lignée des Palerne s'était dissoute ou éteinte, le nom pas facile à prononcer, le « n » tendant à s'escamoter fut remplacé par le « m » plus dur et méditerranéen. Il la loua trois années durant, nous eûmes le loisir d'approfondir et d'étendre nos échanges. Hors de toute anecdote nous donnant de beaux rôles, nous ne forçâmes pas notre nature à nous faire accepter, à pousser des feux. Plus tard, filant ces souvenirs, Camus et moi nous plaisions à trouver que c'était certainement une chance que nous nous soyons approchés l'un de l'autre, puis affectionnés, dans les meilleures conditions, celle où la lenteur heureuse est promesse de durée, où la connaissance de soi se fait à l'insu de chacun.

La Postérité du soleil naquit de la rencontre d'une jeune photographe, Henriette Grindat, du plaisir que Camus prenait de plus en plus à parcourir ce pays, et de mon désir, quand je vis les premières photographies d'Henriette Grindat, d'obtenir des images, des portraits, des paysages du Vaucluse qui différeraient des photographies cartes postales ou des documents de pure recherche que leur maniérisme involontaire exile aussitôt.

Nos yeux trop rapides, peut-être trop habitués, n'en peuvent transmettre que la boursouflure ou un ascétisme affecté. Tous les pays cessent de se valoir dès qu'on différencie le relief de leur peau pour en exprimer l'aspect mental qui nous importe. Je voulais qu'Henriette Grindat saisît avec son objectif l'arrière-pays qui est l'image du nôtre, invisible à autrui, et nous donnât ce que je m'efforce dans la poésie d'atteindre, si dire cela n'est pas trop hasardeux : le passé voilé et le présent où affleure une turbulence que survole et féconde une flèche hardie.

Camus approuva. Les photographies le satisfaisaient infiniment. Le projet nous surprit ensemble, par cette pente qui est celle où nous nous définissons, de *faire un livre.*

Nous trouvâmes des appuis, des indications parmi nos amis vauclusiens. En particulier auprès de Marcelle Mathieu, « l'errante des absolus lieux ». Et les uns et les autres nous nous muâmes en chercheurs sagaces, en vagabonds dorés. Henriette Grindat démêla l'écheveau naturel, y joignit ses trouvailles. Ce fut le moment du tri. L'unité comme par miracle avait été surprise et conservée dans sa continuité dispersée. Images, les unes batailleuses, âpres, imprégnées d'une terre rassise, les autres voulues, accomplies par les hommes et leur regard bouleversant. Camus se mit au travail. Je ne sais plus ce qui me détourna un moment de cette gerbe. Mais quand me furent montrés les textes que Camus avait écrits, il m'apparut inutile de m'y ajouter. Je promis d'écrire un poème d'introduction : « De moment en moment ».

Comme tous les projets réalisés sur l'aile de la joie, celui-ci tarda à parfaire son destin. Louis Curel — c'est le beau visage d'homme qui est ici — mourut ; Lucien Mathieu — le jeune homme —, avec ses frères, rénova le domaine familial ; son regard rêva un peu moins ; des arbres furent arrachés, de nouvelles routes surgirent, des champs s'enrichirent ou s'appauvrirent de maisons ; la jeune fille se maria et disparut.

C'est alors que nous mesurâmes combien le temps qui nous admoneste, qui nous charge d'indifférence ou de chagrin, nous prête mais nous reprend plus encore. Par contre il nous rend transparents à nous-mêmes et nous donne à goûter les bulles chaudes du lait des années, lorsque ce lait nous a réellement nourris, au mieux de mystérieux besoins.

Camus est mort. Il aimerait que le bel accord de quelques saisons soit enfin devenu « le miroir profond » qu'Edwin Engelberts aujourd'hui nous offre.

Camus qui NOMMA *La Peste*, en porte le poids de malédiction. Quand l'état de siège ne serait qu'une superstition, une angoisse contenue et stridente, l'oasis de l'AILLEURS, n'en demeurerait pas moins le météore, la lampe qui traversa le ciel et toucha notre cœur derrière son carreau.

René Char

Janvier 1965

XI. René Char
Textes pour l'exposition
La Postérité du soleil, 1967

En 1967, à l'occasion de l'exposition de La Postérité du soleil *à L'Isle-sur-la-Sorgue, Edwin Engelberts édita une petite plaquette contenant entre autres des extraits de la Postface de René Char, un texte d'ouverture signé par Jean-Pierre Roux, alors maire de la ville, et une biographie succincte d'Albert Camus. Ces deux derniers textes, quoique non signés par lui, sont de René Char. Nous les reproduisons ici ainsi que leurs manuscrits.*

Biographie succincte d'Albert Camus
par René Char

Albert Camus est né à Mondovi, Algérie, le 7 novembre 1913. Son père appartenait à une famille alsacienne installée en Algérie et sa mère était d'origine majorquine. Son père, blessé à la bataille de la Marne, mourait à l'hôpital de Saint-Brieuc. Après l'école communale, Albert Camus devait faire ses études comme élève boursier au Lycée d'Alger, études achevées à la Faculté des Lettres d'Alger, sous le professorat de Jean Grenier, par un Diplôme d'études supérieures de philosophie.

Journalisme, attrait du théâtre, conférences. Camus a alors 24 ans. Il écrit *Caligula*. Seconde guerre mondiale. Mariage avec Mademoiselle Francine Faure. Deux enfants naîtront : Jean et Catherine. À Paris, en mai 1940, Camus termine *L'Étranger*. L'année suivante, c'est *Le Mythe de Sisyphe*. Résistance. Lecteur aux Éditions Gallimard. À la Libération Camus prend la direction du journal *Combat* qu'il quittera en 1947. Au cours des années qui viendront et jusqu'à sa mort accidentelle survenue en

Biographie succincte d'Albert Camus

—

Albert Camus est né à Mondovi, Algérie, le 7 novembre 1913. Son père appartenait à une famille alsacienne installée en Algérie et sa mère était d'origine majorquine. Son père, blessé à la bataille de la Marne, mourait à l'hôpital de Saint-Brieuc. Après l'école communale, Albert Camus devait faire ses études comme élève boursier au Lycée d'Alger, études ~~qui s'achevaient~~ achevées à la Faculté des Lettres d'Alger sous le professorat de Jean Grenier, par un Diplôme d'études supérieures de philosophie. Conférences, journalisme, attrait du théâtre. Il écrit Caligula. Camus a alors 24 ans. ~~En 1940~~ Seconde guerre mondiale. Mariage avec mademoiselle Francine Faure. Deux enfants naîtront : Jean et Catherine. Camus termine à Paris, en mai 1940, L'Étranger, l'année suivante, c'est Le mythe de Sisyphe. Résistance. Lecteur aux éditions Gallimard. À la Libération Camus prend la direction du journal Combat qu'il quittera en 1947. Au cours des années qui viendront et jusqu'à sa mort accidentelle survenue en 1960, Albert Camus publiera successivement : La Peste, L'Homme révolté, L'été, Actuelles, L'exil et le royaume, La chute et des pièces de théâtre : Caligula, Le malentendu, L'État

Premier feuillet manuscrit autographe
de la « Biographie succincte d'Albert Camus » par Char, 1967.

1960, Albert Camus publiera successivement : *La Peste*, *L'Homme révolté*, *Actuelles*, *L'Exil et le Royaume*, *L'Été*, *La Chute*, et des pièces de théâtre : *Caligula*, *Le Malentendu*, *L'État de Siège*, *Les Possédés*. Fixé à Paris, il fera de fréquents séjours dans l'Ardèche, au Chambon-sur-Lignon, et dans le Vaucluse, à L'Isle-sur-la-Sorgue et à Lourmarin. En 1957 Albert Camus avait obtenu le Prix Nobel de Littérature.

★

Préface

Il est des conjonctions heureuses qui profitent à la fois à la littérature, à l'art et aux hommes. La fertilité est leur résultat et la beauté leur franchise.

Nous convions les visiteurs de l'exposition *La Postérité du Soleil* à se réjouir avec nous d'une conjonction dont les fruits nous émeuvent et nous tentent, nous font rêver et nous portent à l'action.

Un grand livre sans ombre, malgré le deuil descendu sur lui, nous apprend que c'est toujours le génie de la vie qui fait triompher la simplicité merveilleuse de la vie.

Jean-Pierre Roux

ANNEXE 2

Sur « La Postérité du soleil »

« René, quoi qu'il arrive, faites que notre livre existe ! » Deux jours avant son départ pour Paris en janvier 1960, Albert Camus reçoit René Char et Tina Jolas à Lourmarin. Ce sont les derniers mots dont se souvenait René Char lorsqu'il évoquait leur dernière rencontre. Après bien des péripéties, leur livre ne verra le jour qu'en 1965, édité à très peu d'exemplaires. Il faudra attendre 1986 pour qu'une édition accessible à un plus grand nombre de lecteurs soit enfin disponible. *La Postérité du soleil* fait figure de livre orphelin et « un peu maudit », comme le disait Henriette Grindat. En effet, s'il est né dans la lumière de l'amitié, il est devenu par les circonstances une sorte de stèle de cette amitié sur laquelle est passé le deuil.

Le projet de « faire un livre » naît de la rencontre de René Char et d'Henriette Grindat pendant l'été 1950. La jeune photographe de vingt-sept ans admire l'œuvre de Char et entre en contact avec lui sur le conseil d'Henri Thomas. En août, elle vient à L'Isle-sur-la-Sorgue. Elle y fait des photographies dont certaines sont immédiatement publiées dans le livre que Pierre Berger consacre à René Char chez Seghers et qui paraît en février 1951. Dans le souvenir d'Henriette Grindat, dès l'automne 1950, elle revient photographier « le pays de René Char », essentiellement dans les environs de L'Isle-sur-la-Sorgue. René Char montre les photographies à Albert Camus dans la perspective d'écrire un livre en commun.

René Char a déjà publié un livre avec des photographies,

quelque vingt années plus tôt, en 1930. *Le Tombeau des secrets* ne reprenait pas l'esprit de *Nadja* de Breton, paru en 1928, mais faisait de la photographie un « amplificateur du mystère », comme l'écrit Yves Peyré[1]. Le regard de Char sur la photographie est fortement marqué par la relation établie par *Le Tombeau des secrets* entre le texte et l'image. Albert Camus aborde là une écriture nouvelle. Le texte ne peut commenter la photographie. Il dit alors un accès à cet arrière-pays tel que le définit René Char. Une première lecture de *La Postérité du soleil* peut être faite dans l'élan des textes de Camus sur Char et peut être lue par rapport à l'œuvre de Char. Cependant, la découverte de cette Provence est aussi celle d'une terre habitable. Camus achève une dédicace de *La Peste* au docteur Jean Roux, qui le recevait souvent à L'Isle-sur-la-Sorgue, en exprimant « la fidèle pensée d'un Vauclusien volontaire ». L'enjeu de l'écriture et pour nous de la lecture de *La Postérité du soleil* n'est pas seulement dans son rapport avec l'œuvre de Char mais aussi, à travers elle, l'entrée dans un pays qui pourrait devenir une sorte de pays d'adoption, une nouvelle terre de patrie. Dès 1947, il écrivait à René Char : « Je suis fatigué de Paris et de la pègre qu'on y rencontre. Mon désir profond serait de regagner mon pays, l'Algérie, qui est un pays d'hommes, un vrai pays, rude, inoubliable. Mais pour des raisons très différentes ce n'est pas possible. Or le pays de France que je préfère est le vôtre, et plus précisément le pied du Luberon, la montagne de Lure, Lauris, Lourmarin, etc.[2] » *La Postérité du soleil* est ce passage d'un pays à l'autre, d'un pays dans l'autre, un peu comme dans l'ouverture de « L'Énigme », écrite en 1950, où le Luberon, « énorme bloc de silence[3] » renoue avec le Chenoua de *Noces* et plus tard avec celui de « Retour à Tipasa[4] ».

En 1951, Camus est absorbé par la rédaction de *L'Homme révolté* qui lui demande beaucoup d'énergie. En février 1951, il

1. Yves Peyré, *Peinture et poésie. Le Dialogue par le livre*, Gallimard, 2001, p. 124.
2. Voir *supra* lettre n° 5, p. 25.
3. Voir « L'Énigme » dans *L'Été*.
4. Voir « Retour à Tipasa » dans *L'Été*.

écrit à René Char : « [...] L'accouchement est long, difficile, et il me semble que l'enfant est bien laid. Cet effort est exténuant. Le résultat : je n'ai ni une goutte d'énergie supplémentaire, ni surtout assez de fraîcheur pour le texte de ces photos. Je les regarde et je profite d'elles. En même temps, je me fais scrupule de retarder ainsi votre projet. Peut-être pourrions-nous procéder à l'inverse. Vous commenceriez. À ma délivrance, j'essaierai de m'y mettre. Mais avez-vous les doubles de ces photos[1] ? » En mars il espère pouvoir y consacrer du temps. En juin René Char à son tour se consacre à leur projet commun : « Je me suis mis avec joie ici, malgré une tête en tronc de saule, à notre travail en commun. Je vous en communiquerai les premières herbes bientôt. Votre part est très belle. Je vais essayer de ne pas trop vous décevoir[2]... » La fin de la rédaction puis la parution de *L'Homme révolté* semblent ajourner l'écriture définitive. Albert Camus achève cependant le manuscrit qu'il date de 1952. La même année, en mars, il charge Henriette Grindat de constituer une série de photographies sur Tipasa. En février 1954, le projet est enfin sur le point d'aboutir. En réponse au poème que lui envoie René Char (sans doute « De moment en moment »), Camus écrit : « Je suis content que s'en aille cette petite postérité de notre amitié. Il faut que les fruits roulent. Et tout ce qui parle de vous et de moi en même temps, même lorsque c'est pour nous insulter un peu, et à plus forte raison ici, me donne une joie durable. Merci. À vous, de tout cœur. A.C.[3] » Comme nous pouvons le lire aussi dans la correspondance d'Henriette Grindat avec Camus, d'autres tentatives d'édition ont lieu les années suivantes sans pouvoir aboutir.

En 1960, Francine Camus confie le manuscrit de *La Postérité du soleil* à René Char. Il prépare avec Edwin Engelberts une édition de *Lettera amorosa* illustrée par Georges Braque. Il demande à Engelberts de tenter de faire éditer *La Postérité du soleil.* Celui-ci fait de nombreuses démarches et se heurte à des refus dont

1. Lettre n° 60, p. 79.
2. Lettre n° 64, p. 84.
3. Lettre n° 96, p. 119.

les motifs laissent parfois rêveur. En 1963, l'édition est enfin sur le point d'être réalisée mais, une fois de plus, n'aboutit pas. Dans une lettre datée du 22 décembre, Edwin Engelberts, qui a une véritable passion pour ce livre, écrit à Francine Camus qu'il a décidé de prendre entièrement en charge la publication et fait le vœu « que 1965 soit, enfin, l'année où le livre paraîtra ». Il part aussitôt pour L'Isle-sur-la-Sorgue et travaille sur la maquette avec René Char. C'est au début de l'année, alors qu'il enregistre au Busclats *Lettera amorosa* et *Retour amont* lus par l'auteur, que René Char parle de son amitié pour Camus. Le texte enregistré sera aussitôt transcrit puis corrigé par René Char jusqu'à la version définitive que nous connaissons sous le titre de « Naissance et jour levant d'une amitié ». L'édition prévue devait compter un tirage de tête à 120 exemplaires et une édition courante. Seul le premier tirage paraîtra. Edwin Engelberts achèvera cette édition qui lui tenait tant à cœur quelque vingt et un ans plus tard, cette fois à 4 000 exemplaires, aujourd'hui difficilement trouvables. En 1967 et en 1977, deux expositions eurent lieu à L'Isle-sur-la-Sorgue[1].

La Postérité du soleil est longtemps resté un livre marginal sans doute du fait de circonstances éditoriales qui ne lui ont pas encore permis de prendre sa vraie place dans les œuvres de Camus.

Une page du manuscrit repris par René Char au moment de la publication :

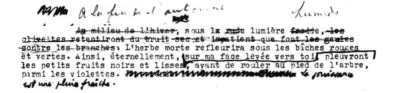

A la fin de l'automne humide

~~Au milieu de l'hiver~~, sous la ~~rude~~ lumière ~~froide~~, ~~les olivettes retentiront du bruit sec et impatient que font les gaules contre les branches~~. L'herbe morte refleurira sous les bâches rouges et vertes. Ainsi, éternellement, sur ma face levée vers toi, pleuvront les petits fruits noirs et lisses, avant de rouler au pied de l'arbre, parmi les violettes. La jouissance est une pluie fraîche.

1. Voir Jean Pénard, *Rencontres avec René Char, op. cit.*, p. 150 ; et Marie-Claude Char, *René Char. Faire du chemin avec…*, *op. cit.*, p. 222.

A la fin de l'automne, sous la lumière ~~[illegible]~~ rendra l'obsidienne.
~~La jouissance est une pluie fraîche~~
Sur ma face levée vers toi ~~[illegible]~~ sauteront
les petits fruits noirs et lisses.
La jouissance est une pluie fraîche.
(correction de R. C.)

La Postérité du soleil est, par-delà la disparition de Camus, un livre écrit à deux mains. René Char entre dans ce texte, qu'il modifie aussi. Un exemple est le texte VII : « Voici le proche lit de l'amour. La place est déjà chaude. On les entend rire au loin. »

Le manuscrit de Camus donne :

Voici le lit de l'amour. La place est encore chaude.
On les entend rire, au loin

La dactylographie corrigée par Camus est conforme au manuscrit. À la relecture, René Char introduit des corrections au crayon gris.

Voici le (proche) lit de l'amour. La place est ~~encore~~ (déjà) chaude
On les entend rire, au loin.

Ailleurs, le texte est entièrement de la main de René Char. Le portrait de jeune femme était voulu par Char comme par Camus. Cependant, il ne fut introduit que dans la maquette finale :

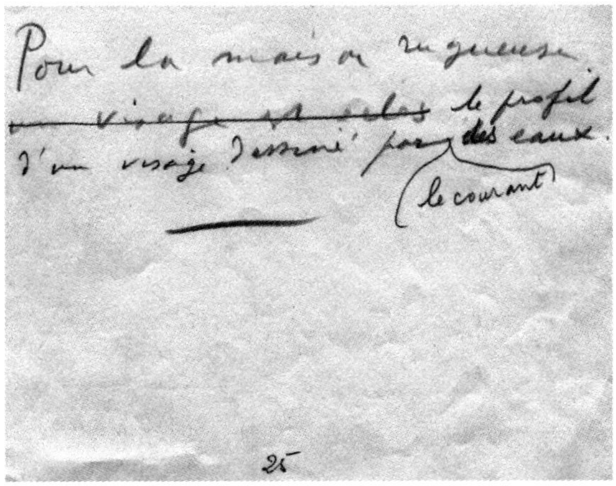
Pour la maison rugueuse
~~[illegible]~~ le profil
d'un visage dessiné par des eaux.
(le courant)

25

Appendices

CHRONOLOGIE

Les repères biographiques que nous donnons ici sont le plus souvent très directement liés à la correspondance de René Char et d'Albert Camus. Ils sont donc le fait d'un choix. Pour de plus amples informations, on se reportera aux chronologies figurant en tête des Œuvres complètes *de Char et de Camus (tome I) de la « Bibliothèque de la Pléiade », sur lesquelles s'appuient notamment les lignes ci-dessous.*

1945

Janvier : Dans son article « Justice et charité » (*Combat, 11 janvier*), Albert Camus continue de s'opposer à François Mauriac. Mais, refusant par principe la peine capitale, il va s'associer à une pétition sollicitant du général de Gaulle la grâce de Robert Brasillach.

Février : *Seuls demeurent* de René Char paraît aux Éditions Gallimard.

8 mai : Capitulation du IIIe Reich.

Juin : Camus voyage en Allemagne et en Autriche.

23 juillet-15 août : Procès du maréchal Pétain, auquel Camus assiste au moins en partie.

6 août : Première bombe atomique, sur Hiroshima ; le *8*, à la suite de cette explosion et à la veille de celle de Nagasaki, Camus donne à *Combat* un éditorial sur « les perspectives terrifiantes qui s'ouvrent à l'humanité ».

Août : « Remarque sur la révolte » (dans *L'Existence*, ouvrage collectif, Gallimard, « Métaphysique »).

Début septembre : Char, démobilisé, regagne Paris, où sa femme réside déjà, 6, rue Victorien-Sardou. Le *5*, naissance des enfants d'Albert et Francine Camus, Catherine et Jean. Le *26*, création de *Caligula* au théâtre Hébertot, dans une mise en scène de Paul Œttly. Gérard Philipe tient le rôle-titre.

Octobre : Camus devient directeur de la collection « Espoir » chez Gallimard. Publication chez Gallimard des *Lettres à un ami allemand*. Le volume est dédié à la mémoire de René Leynaud. Le même mois, des extraits de *Feuillets d'Hypnos* paraissent dans la revue *Fontaine*. Camus demandera à publier l'ouvrage dans sa collection « Espoir ».

Décembre : Début de l'« affaire de Céreste ». Le quotidien communiste *Rouge-Midi* lance une campagne de calomnies contre d'anciens Résistants de la SAP que dirigeait Char pendant la guerre. Char lui-même n'est pas épargné. Il réagit vivement. Cette affaire connaîtra son dénouement au printemps 1946. Char participe à l'exposition pour la Grèce résistante, organisée par Yvonne Zervos à Paris. Le même mois paraît, aux *Cahiers d'Art*, *Ma faim noire déjà*, poèmes de Roger Bernard. Char écrit le texte de présentation et accompagne le recueil du poème « Affres, détonation, silence ».

1946

Janvier : Camus séjourne à Cannes avec Michel et Janine Gallimard. À son retour à Paris, il rencontre à plusieurs reprises Louis Guilloux et se lie d'amitié avec lui.

Février : *Le Minotaure* paraît dans *L'Arche* (n° 13). Le *28*, l'un des camarades de combat de Char, Gabriel Besson, est assassiné à Manosque, d'un coup de fusil dans le dos.

1er mars : Première lettre de René Char à Albert Camus, qui lui répond le 4, avant son départ pour les États-Unis.

10 mars : Camus embarque pour les États-Unis. Pendant la traversée, il essaie de travailler à *La Peste*, dont la composition sera pratiquement interrompue au cours de son séjour.

Avril : *Feuillets d'Hypnos* de Char paraît chez Gallimard. C'est le critique André Rousseaux qui le premier en rend longuement compte dans *Le Figaro littéraire*.

Juin : Camus rentre en France ; long voyage mélancolique auquel « les soirs sur la mer » offrent une consolation. Il va découvrir l'œuvre de Simone Weil.

Août : Camus séjourne tout le mois à Moutiers, en Vendée, chez la mère de Michel Gallimard. Il y achève *La Peste*.

13 octobre : Le second projet de Constitution de la IVe République est adopté par référendum.

Novembre : Camus voyage dans le Vaucluse avec Jean Amrouche et Jules Roy, passe trois jours à Lourmarin et rencontre Henri Bosco.

Décembre : Camus écrit une réflexion sur la relation de l'absurde à la révolte (esquisse du premier chapitre de *L'Homme révolté*). Le couple Camus et leurs enfants sont enfin locataires d'un appartement, situé dans un hôtel particulier, 18, rue Séguier (VIe arrondissement). Toutefois, à Noël et jusqu'au début de 1947, en raison de l'état de santé de Camus, ils séjournent à Briançon.

1947

Avril : Camus se brouille définitivement avec Pascal Pia. Il quittera *Combat* en juin. Il rédige l'introduction aux *Poésies posthumes* de René Leynaud (Gallimard).

Représentation à Paris, au théâtre des Champs-Élysées, du ballet *La Conjuration*, rideau de scène et costumes de Georges Braque.

Mai : Aux Éditions Fontaine, publication du *Poème pulvérisé* de René Char. Les soixante-cinq exemplaires de tête comportent une gravure originale de Henri Matisse.

10 juin : Publication de *La Peste*, chez Gallimard. C'est le premier très grand succès de Camus (96 000 exemplaires seront vendus de *juillet* à *septembre*), couronné par le prix des Critiques.

Juin-15 juillet : Camus quitte Paris aussitôt après la parution de *La Peste* et part avec sa famille en vacances au Panelier. Il est surpris par le succès de *La Peste*.

Juin : Ouverture de l'exposition de peintures et sculptures contemporaines, organisée au palais des Papes à Avignon par Yvonne Zervos. Cette exposition, qui réunissait les plus grands noms de l'art contemporain, fut l'occasion d'un long séjour de Braque dans le Vaucluse (voir « Braque, lorsqu'il peignait », et « Georges Braque intra-muros », dans *Recherche de la base et du sommet*). Elle fut aussi le point de départ de ce qui deviendra le Festival de théâtre d'Avignon, qu'animera Jean Vilar.

4 août : Albert Camus voyage en Bretagne avec Jean Grenier et sa famille. Ils rejoignent Louis Guilloux, qui les conduit sur la tombe du père d'Albert Camus dans le cimetière de Saint-Brieuc.

Été : De retour à Paris, Camus est sollicité par Jean-Louis Barrault pour écrire en collaboration une pièce sur *La Peste* ; ce sera *L'État de siège*. Il travaille aussi à une nouvelle (« Jonas », recueillie plus tard dans *L'Exil et le Royaume*), ainsi qu'à *L'Homme révolté*.

Septembre : Camus fait un court séjour à Choisel, dans la vallée de Chevreuse, chez Jules Roy. Le *19*, il annonce son arrivée à L'Isle-sur-la-Sorgue, où, à l'invitation de René Char, il se rend pour la première fois.

1948

Janvier : Camus achève *L'État de siège* — auquel il travaillera encore en *juillet* à L'Isle-sur-la-Sorgue. Puis, tandis que sa femme et ses enfants sont à Oran, il va voir Michel Gallimard, au sanatorium de Leysin (Suisse). Publication dans *La Table ronde* des « Meurtriers délicats », texte qui préfigure un chapitre de *L'Homme révolté,* et analyse par avance les données de sa pièce *Les Justes.*

28 février : Création, à l'initiative de David Rousset et Altman, du Rassemblement démocratique révolutionnaire (RDR), qui compte Sartre parmi ses adhérents et est soutenu par *Franc-Tireur* et par *Combat.*

Fin février-début mars : Albert Camus rejoint sa famille à Oran, puis passe deux semaines à Sidi-Madani.

Mai : Camus part donner deux conférences à Londres et à Édimbourg.

Juillet-août : Camus rejoint sa famille à L'Isle-sur-la-Sorgue (Vaucluse), où habite René Char. Il y a loué une maison, avec le projet d'en acheter une dans la région.

Août : « L'Exil d'Hélène », écrit à L'Isle-sur-la-Sorgue et dédié à René Char, est publié dans le numéro spécial intitulé « Permanence de la Grèce » des *Cahiers du Sud.*

Septembre : Parution de *Fureur et mystère* de René Char chez Gallimard. Dans cette réédition, les *Feuillets d'Hypnos* sont dédiés à Albert Camus.

Octobre : Le 27, création au théâtre Marigny de *L'État de siège,* « spectacle » écrit en collaboration avec Jean-Louis Barrault, qui en a assuré la mise en scène. L'échec, auprès de la critique comme du public, est total.

Novembre : Le philosophe Gabriel Marcel l'ayant accusé d'avoir, dans *L'État de siège,* réservé ses traits au régime de Franco, Camus lui répond dans *Combat.*

Fête des arbres et du chasseur de René Char est publié chez GLM. Vingt exemplaires de tête avec une lithographie en couleur de Miró. Première collaboration de René Char à *Botteghe oscure* (Rome, Quaderno III), revue internationale dirigée par Marguerite Caetani, fondatrice de *Commerce.*

Fin décembre : Albert Camus se rend en Algérie, où sa tante Acault a été opérée.

1949

Février : Dans *Combat* paraît « Pour sauver dix intellectuels grecs, appel d'intellectuels français », signé par Camus et Breton.

Mars : Char publie « Les Transparents » au *Mercure de France*, « L'Homme qui marchait dans un rayon de soleil » dans *Les Temps modernes*. En avril « Sur les hauteurs » paraît dans la revues *Art de France*. Ce texte fera l'objet la même année d'un court métrage sous la direction artistique d'Yvonne Zervos.

14 mars : Camus et Char signent un article dans *Combat* : « Seuls les simples soldats trahissent ».

Avril : Parution du premier numéro de la revue *Empédocle* voulue par Char et Camus. Elle comptera onze numéros.
Le Soleil des eaux est édité par la librairie H. Matarasso, illustré de quatre eaux-fortes de Georges Braque.

Mai : Séjour d'Albert Camus dans le Vaucluse durant la première quinzaine.

Juin : Camus embarque à Marseille pour l'Amérique du Sud, où il va donner, dans plusieurs pays, une série de conférences.
Claire, de René Char, est publiée chez Gallimard.

9 juillet : Divorce de René Char et de Georgette.

21 juillet : Après une escale à Dakar, Camus arrive à Rio de Janeiro. Pendant la traversée, il écrit des pages de « La Mer au plus près » (recueilli dans *L'Été*), à peine ébauché pendant le voyage à New York. Le 26, il assiste, à Rio, à une représentation d'un acte de *Caligula*.

Août : Le *2*, Camus part pour São Paulo, où il donne une interview au *Diaro* de cette ville (« Char est le plus grand événement dans la poésie française depuis Rimbaud »). Le *9*, il part pour Montevideo, puis se rend à Buenos Aires, où il séjourne chez Victoria Ocampo. Il rencontre José Bergamin à Montevideo. Le *31*, il repart de Rio, en avion, pour la France. À son retour, les médecins constatent que l'état de ses poumons s'est sérieusement aggravé, et ils lui ordonnent deux mois de repos et de soins.

Septembre : Camus séjourne au Panelier.

Octobre : À Paris, répétitions pour *Les Justes*. Les médecins recommandent à Camus un repos total. La tuberculose met de nouveau sa vie en danger. Il doit absolument se soigner et songer à un long séjour en semi-altitude.

Décembre : Création des *Justes* au théâtre Hébertot, dans une mise en scène de Paul Œttly, avec Serge Reggiani et Maria Casarès dans les rôles principaux. Camus y assiste malgré un état de santé très précaire.

1950

Janvier : Camus part pour Cabris, près de Grasse (Alpes-Maritimes), pour une cure de semi-altitude. Il y reviendra pour d'autres séjours jusqu'en juin. Sa santé s'améliore lentement. *Les Matinaux* de René Char paraissent chez Gallimard. Char préface le même mois le catalogue de l'exposition Georges Braque (galerie Maeght, *Derrière le miroir*, Paris).

Février : Publication chez Gallimard des *Justes* d'Albert Camus.

Mars : Camus séjourne dans les Vosges. Il rentre à Paris mais doit repartir de nouveau à Cabris à la fin du mois d'avril.

Avril : Sur le chemin de Cabris, Camus fait étape à L'Isle-sur-la-Sorgue toujours dans la perspective d'y acheter une maison. Il y achève « L'Énigme » recueilli dans *L'Été*.

Mai : Publication chez Charlot du « Minotaure ou la halte d'Oran ».

Juin : Parution chez Gallimard d'*Actuelles*, chroniques 1944-1948, dédié à René Char. Francine et ses enfants sont avec Camus à Cabris, puis à Grasse en *juillet*.

Juillet : Début de la guerre de Corée.

Mi-juillet-août : Nouveau séjour de Camus dans les Vosges puis en Savoie.

Décembre : Camus s'installe avec sa famille dans l'appartement qu'il a acheté, au 29, rue Madame.

1951

Au début de l'année, Char, par l'entremise de Georges Duthuit, se lie d'amitié avec Nicolas de Staël, amitié de laquelle naîtra en *novembre* un livre : *Poèmes*, illustré de quatorze bois du peintre.
Publication dans les *Cahiers du Sud* de « Lautréamont et la banalité » de Camus.
De la mi-janvier à la mi-mars, Camus séjourne à nouveau à Cabris et y travaille d'arrache-pied à *L'Homme révolté*, dont la « première rédaction » est terminée le *7 mars*.
Février : Mort d'André Gide.
Mars : Parution de *Quatre fascinants — La Minutieuse* de René Char, avec un frontispice de Pierre Charbonnier. Par ailleurs cette année marque le début d'une longue collaboration avec Pierre-André Benoit (PAB).
Avril : *À une sérénité crispée* de Char paraît chez Gallimard, orné de vignettes dessinées par Louis Fernandez.
27 juin : La mère de René Char meurt aux Névons.
Juillet : Camus voyage en Dordogne. Le *12*, il a envoyé à René Char un exemplaire dactylographié et corrigé de *L'Homme révolté*.
Août : Camus séjourne au Panelier. Publication dans *Les Temps modernes* de « Nietzsche et le Nihilisme », fragment de *L'Homme révolté*.
Octobre : Le *12*, réaction indignée d'André Breton dans *Arts* contre le « Lautréamont » de Camus. Le *19*, réponse de Camus dans le même journal (repris dans *Actuelles* II, sous le titre « Révolte et conformisme »). Le *18*, parution de *L'Homme révolté*, chez Gallimard.
Novembre : Au cours de ce mois Camus fait un bref voyage à Alger auprès de sa mère qui s'est cassé une jambe.

1952

Janvier : Camus travaille à « La Pierre qui pousse », nouvelle ébauchée en Amérique du Sud (recueillie dans *L'Exil et le Royaume*). Voyage en Algérie, dont on trouve un écho dans « Retour à Tipasa » (*L'Été*).

Mai : Francis Jeanson, chargé par Sartre de rendre compte dans *Les Temps modernes* de l'essai de Camus, publie un article violent et insultant.

Août : *Les Temps modernes* publient une réponse de Camus datée du *juin* et adressée non à Jeanson, mais à « Monsieur le Directeur » de la revue, Jean-Paul Sartre (« Révolte et servitude », repris dans *Actuelles* II). Sartre lui répond à son tour : « Mon cher Camus, notre amitié n'était pas facile, mais je la regretterai. » La lettre de Sartre est ouvertement blessante. Elle donne aussi à leur polémique un tour franchement politique, Sartre dénonçant à égalité le scandale des camps soviétiques et le profit qu'en tire la « presse bourgeoise ».

Automne : Aux attaques des *Temps modernes* se sont ajoutées celles d'*Arts*, ainsi que de *Carrefour* (hebdomadaire de droite) et de *Rivarol* (hebdomadaire d'extrême droite).

18 novembre : Mort de Paul Eluard.

Décembre : Dans « Post-scriptum », Camus explique les intentions qui ont guidé l'écriture de *L'Homme révolté*. Il part pour l'Algérie. Alger, Tipasa, certes, mais il en profite pour faire un périple dans le Sud algérien jusqu'à Laghouat puis Gardhaïa. Il prend ensuite le bateau depuis Oran jusqu'à Marseille et revient à Paris dans les premiers jours de janvier 1953.

Parution de *La Paroi et la Prairie* de René Char chez GLM.

1953

Janvier : Camus revient d'Algérie « redressé et pacifié », et écrit « Retour à Tipasa », qui sera recueilli dans *L'Été*.

Lettera amorosa de Char paraît chez Gallimard.

Hiver : Char séjourne à Briançon, chez ses amis André et Ciska Grillet.

Avril : Char publie chez Jean Hugues l'« Arrière-histoire du *Poème pulvérisé* », avec un portrait en couleurs du poète, par Nicolas de Staël, en frontispice.

Mai : Lettre de protestation de Camus contre l'arrestation en Argentine de Victoria Ocampo.

Juin : La collection « Poètes d'aujourd'hui », de Pierre Seghers, publie un *René Char*, par Pierre Berger. Création, le *14*, au festival d'art dramatique d'Angers de *La Dévotion à la Croix*, d'après Calderón, et des *Esprits*, d'après Pierre de Larivey, par Albert Camus.

Juillet : Camus séjourne en Haute-Savoie, au Planet, près d'Argentière. Le *14*, des manifestants nord-africains ont été abattus ou molestés par la police parisienne ; protestation de Camus dans *Le Monde*.

Été : René Char voyage en Alsace.

Nicolas de Staël se met en quête d'une maison à acheter dans le Vaucluse et acquiert « Le Castellet », à Ménerbes.

Septembre : Publication chez Gallimard du volume d'*Actuelles* II.

Octobre : Francine Camus commence à souffrir d'une grave dépression.

« L'Abominable [Homme] des neiges » de Char est publié dans le dixième numéro de *La NNRF*. Staël réalisera de nombreux projets d'illustration pour les décors de ce ballet, qui ne sera pas représenté.

Novembre : Première ébauche par Camus d'un roman qui deviendra *Le Premier Homme*.

Décembre : Camus renonce à un projet de voyage en Égypte et rejoint, en compagnie de son fils Jean, sa femme partie se reposer à Oran.

Le Rempart de brindilles, de René Char est publié chez Louis Broder, avec cinq eaux-fortes de Wifredo Lam.

1954

Janvier : L'état dépressif de Francine s'est aggravé. Camus rentre avec elle à Paris ; elle sera soignée dans une maison de santé à Saint-Mandé.

Février : « La Femme adultère » aux Éditions de l'Empire, à Alger.

Printemps : Publication de *L'Été* chez Gallimard, dans la collection « Les Essais ». Désemparé par l'état de santé de Francine, Camus avoue à ses proches qu'il n'arrive plus à écrire. Il a confié sa fille Catherine à la grand-mère Faure, à Oran, tandis que Jean est à Saint-Rémy-de-Provence. Il loge provisoirement dans un petit appartement au 4, rue de Chanaleilles (VIIe arrondissement).

Juin-juillet : Francine se fait soigner à Divonne.

Mi-juillet : Il s'installe pour un mois avec ses deux enfants chez Michel et Janine Gallimard, à Sorel-Moussel (Eure-et-Loir).

Août : Camus écrit une préface pour *L'Allemagne vue par les écrivains de la Résistance française* de Konrad F. Bieber.

Septembre : Francine va mieux ; Camus se réinstalle avec elle rue Madame.

Octobre : Voyage en Hollande, où il prend, dans les *Carnets*, des notes qui préfigurent certains passages de *La Chute*.
Le Deuil des Névons, de René Char paraît à Bruxelles avec une pointe sèche de Louis Fernandez.

1er novembre : Début de l'insurrection nationaliste en Algérie. Le *24*, Camus part pour une tournée de conférences en Italie (Turin, Gênes et Rome). Il rentrera en France à la mi-décembre.

1955

Janvier : *Recherche de la base et du sommet* suivi *de Pauvreté et privilège* de Char paraît dans la collection « Espoir » chez Gallimard.

Poèmes des deux années de René Char paraît chez GLM, avec une eau-forte d'Alberto Giacometti pour les cinquante exemplaires de tête.

12 *mars* : Création de l'adaptation par Camus d'*Un cas intéressant*, d'après une nouvelle de Dino Buzzati.

16 mars : Mort de Nicolas de Staël à Antibes.

Printemps : Camus travaille à une préface en vue de l'édition des *Œuvres complètes* de Roger Martin du Gard, avec qui il entretient des rapports d'amitié depuis 1948. Reprise dans *Témoins*, sous le titre « Le Refus de la haine », de sa préface à l'ouvrage de Konrad F. Bieber.

26 avril : Départ de Camus pour un voyage en Grèce : Athènes, Delphes, le Péloponnèse, l'île de Délos...

16 mai : Retour à Paris. Camus a envoyé son premier article à *L'Express* (14 *mai*) sur le récent tremblement de terre de Volos.

Juin : Pierre Boulez met en musique trois poèmes du *Marteau sans maître* de René Char. Création à Baden-Baden.

Fin juillet-août : Camus voyage en Italie, s'intéressant notamment aux peintures de Piero della Francesca.

Été : René Char est à Paris en *juillet*. En *août*, il rencontre pour la première fois Martin Heidegger chez Jean Beaufret.

18 octobre : À partir de cette date, et jusqu'au *2 février 1956*, Camus donne de nombreux articles dans *L'Express* sur la situation en Algérie.

26 octobre : Les Névons sont mis en vente publique. La surenchère empêche René Char et sa sœur Julia de s'en rendre acquéreurs.

1956

22 janvier : Au cours d'une réunion mouvementée, Camus lance à Alger un appel en faveur d'une trêve civile.

8 février : En désaccord avec les articles sur l'Algérie de son directeur, Jean-Jacques Servan-Schreiber, Camus démissionne de *L'Express*.

12 mars : L'Assemblée nationale accorde au gouvernement, à une très large majorité (communistes compris), les « pouvoirs spéciaux » en Algérie. La guerre va s'intensifier.

Mai : Publication de *La Chute*, chez Gallimard.
Publication de *La Bibliothèque est en feu* de René Char chez Louis Broder, avec une eau-forte en couleur de Georges Braque.

Juin : GLM publie *Pour nous, Rimbaud*, et *En trente-trois morceaux* (les cinquante-huit exemplaires de tête sont ornés d'une eau-forte en couleur de René Char).

Juillet : Un article de Georges Mounin intitulé « Situation présente de René Char » met celui-ci en fureur. C'est un moment où, selon L. Greilsamer, la figure et l'œuvre de Char sont mises en cause par une jeune génération de critiques.

Juillet-début d'août : Camus part en famille à L'Isle-sur-la-Sorgue.
Controverse avec Étiemble à propos de Rimbaud.

Août : De retour à Paris, Camus commence les répétitions de *Requiem pour une nonne*.

20 septembre : Création au théâtre des Mathurins-Marcel Herrand de *Requiem pour une nonne*, dans une mise en scène de Camus. La pièce obtient un franc succès.

4 novembre : Les troupes soviétiques entrent dans Budapest pour réprimer les soulèvements qui ont agité la Hongrie au cours des dernières semaines.

1957

Mars : Publication de *L'Exil et le Royaume*, chez Gallimard.

Juin : Camus participe au festival d'art dramatique d'Angers, où *Caligula* est repris dans une version légèrement remaniée. Le *21*, création à Angers, dans sa propre mise en scène, de sa version du *Chevalier d'Olmedo*, d'après Lope de Vega.

Juin-juillet : *Réflexions sur la guillotine* paraît dans *La NRF*.
Du 17 juillet au 13 août, Camus séjourne à Cordes dans le Tarn.

Automne : Publication de *Réflexions sur la peine capitale*, chez Calmann-Lévy.

Octobre : *Poèmes et proses choisis* de Char paraît chez Gallimard.
Le *16*, le prix Nobel de littérature est décerné à Camus.

Novembre : Spectacle *Le Fer et le Blé* chez Agnès Capri à Paris : un montage de poèmes, et la représentation intégrale de *Claire* de Char.

10 *décembre* : Albert Camus prononce son discours à l'hôtel de ville de Stockholm à l'issue du banquet de remise du prix Nobel ; le *12*, il donne une conférence dans le grand amphithéâtre de l'université de Stockholm, où il est interpellé par un jeune Algérien ; le *14*, nouvelle conférence de Camus, « L'Artiste et son temps », dans le grand amphithéâtre de l'université d'Uppsala.

Décembre : Camus est en proie, à la fin de cette année et au début de la suivante, à de graves crises d'anxiété.
Création à Cologne du *Visage nuptial*, poèmes de Char mis en musique par Pierre Boulez. Chœurs et orchestre de Radio-Cologne.

1958

Janvier : Les *Discours de Suède* de Camus paraissent chez Gallimard.

Mars : *L'Envers et l'Endroit* est réédité avec une nouvelle préface, dont le projet était déjà mentionné dans les *Carnets* en 1949.

Mars-avril : Voyage en Algérie de Camus. À Alger, il sympathise avec Mouloud Feraoun. Il se rend à Tipasa. De retour à Paris, il entreprend avec Micheline Rozan des démarches pour trouver un théâtre.

Mai : René Char publie *L'Escalier de Flore*, avec deux gravures de

Picasso, chez PAB. Le *13*, une immense manifestation, à Alger, va entraîner le retour au pouvoir du général de Gaulle.

Juin : Publication chez Gallimard d'*Actuelles* III (*Chroniques algériennes*). Le livre est accueilli avec hostilité ou indifférence. Le *9*, Camus part pour un voyage de près d'un mois en Grèce.

Juillet-août : Camus travaille à son adaptation des *Possédés* et à un projet de pièce sur Julie de Lespinasse. Il enregistre avec Maria Casarès et René Char un disque 33 tours sur lequel tous trois lisent des poèmes de René Char.

Septembre : Camus séjourne dans le Vaucluse, voit souvent Char à L'Isle-sur-la-Sorgue et achète une maison à Lourmarin.

Du 18 au 27 octobre : Nouveau séjour dans le Vaucluse de Camus.

Fin d'année : Publication de *Sur la poésie* de René Char, chez GLM.

21 décembre: Le général de Gaulle est élu président de la République.

1959

30 janvier : Création au théâtre Antoine de l'adaptation par Camus, qui a réalisé la mise en scène, des *Possédés*, d'après Dostoïevski.

Du 23 au 29 mars : Camus se rend à Alger où sa mère a été opérée, puis à Ouled Fayet, lieu de naissance de son père, et travaille au *Premier Homme*.

Du 28 avril à la fin : Camus séjourne à Lourmarin et dans le Midi.

12 mai : Diffusion de « Gros plan », émission télévisée de Pierre Cardinal, à laquelle Camus participe avec « Pourquoi je fais du théâtre ».

6-13 juillet : Camus séjourne à Venise où on joue *Les Possédés* au théâtre de La Fenice. Il veille à la mise en scène.

Fin août-début septembre : Séjour de Camus à Lourmarin.

Septembre : Parution de la traduction allemande des *Poésies* de

René Char avec une préface d'Albert Camus. Le *16*, allocution télévisée du général de Gaulle proclamant le droit des habitants de l'Algérie à l'autodétermination.

Octobre : Tournée en France et à l'étranger des *Possédés*.

15 novembre : Camus est de retour à Lourmarin.

14 décembre : Camus s'entretient avec des étudiants étrangers à Aix-en-Provence.

1960

1er janvier : René Char, Tina Jolas et Marcelle Mathieu passent la journée à Lourmarin, avec Camus.

3 janvier : Camus quitte Lourmarin pour Paris dans la voiture de Michel Gallimard, où ont aussi pris place l'épouse de Michel, Janine, et sa fille Anne. Francine Camus est rentrée la veille par le train.

4 janvier : Camus est tué sur le coup dans un accident à Villeblevin, près de Montereau (Yonne).

INDICATIONS BIBLIOGRAPHIQUES

René Char

René CHAR, *Œuvres complètes*, Gallimard, « Bibliothèque de la Pléiade », 1998.

René CHAR et Jean BALLARD, *Correspondance*, Rougerie, 1993.

Dans l'atelier du poète, édition établie et présentée par Marie-Claude Char, Gallimard, « Quarto », 1996.

Sur René Char

Exposition René Char, Fondation Maeght et Musée d'art moderne de la ville de Paris, 1971.

L'Herne, cahier consacré à René Char, Éditions de l'Herne, 1971.

René Char. Manuscrits enluminés par des peintres du XXe siècle, Bibliothèque nationale, 1980.

René Char. Faire du chemin avec..., catalogue de l'exposition au palais des Papes à Avignon, 1990 [repris en 1992 chez Gallimard, avec une nouvelle préface de Marie-Claude Char].

Paul VEYNE, *René Char en ses poèmes*, Gallimard, « NRF Essais », 1990.

Laurent GREILSAMER, *L'Éclair au front. La Vie de René Char*, Fayard, 2004.

Le Pays dans la poésie de René Char, Minard « Série René Char », 2005.

Albert Camus

Albert CAMUS et Jean GRENIER, *Correspondance 1932-1960*, Gallimard, 1981.

Albert CAMUS, *Œuvres complètes*, I et II, Gallimard « Bibliothèque de la Pléiade », 2006.

Sur Albert Camus

Herbert R. LOTTMAN, *Albert Camus*, Seuil, « Points », n° 10, 1985.

Olivier TODD, *Albert Camus. Une vie*, Gallimard, « Folio », n° 3263, 1999.

INDEX

Photocomposition Graphic Hainaut
Achevé d'imprimer
par l'Imprimerie Floch
à Mayenne, le 2 mai 2007.
Dépôt légal : mai 2007.
Numéro d'imprimeur : 68244.

ISBN 978-2-07-078331-1 / Imprimé en France.

148442